Schriften zum Insolvenzrecht

Herausgegeben von

Prof. Dr. Ulrich Ehricke, Universität zu Köln und
Prof. Dr. Christoph Paulus, Humboldt-Universität zu Berlin

Band 49

Dr. Robert Beier, LL.M.

Die Freigabe von Immobilienvermögen bei der Insolvenz natürlicher Personen

Nomos

Die Deutsche Nationalbibliothek verzeichnet diese Publikation in der Deutschen Nationalbibliografie; detaillierte bibliografische Daten sind im Internet über http://dnb.d-nb.de abrufbar.

ISBN 978-3-8487-6563-1

1. Auflage 2013

Vorwort

Seit dem Koalitionsvertrag von CDU/CSU und FDP vom 26. Oktober 2009 steht die Reform des Rechts der Insolvenz natürlicher Personen an. Seit dem 31. Oktober 2012 liegt der Entwurf eines Gesetzes zur Verkürzung des Restschuldbefreiungsverfahrens und zur Stärkung der Gläubigerrechte vor (BT-Drucks. 17/11268). In der Begründung des Gesetzesentwurfs heißt es u.a., dass gescheiterte Unternehmer und Personen, die aufgrund alltäglicher Risiken – wie Arbeitslosigkeit, Scheidung oder Krankheit – in die Überschuldung geraten, vielfach keine jahrelange Bewährung benötigen, sondern einen finanziellen Neuanfang.

Die Freigabe von Immobilien, Grundvermögen und Wohnungseigentum bei der Insolvenz natürlicher Personen kann sich auf die Vermögenssituation des Insolvenzschuldners derart auswirken, dass ein wirtschaftlicher Neuanfang nicht möglich ist. Die praktische Bedeutung des Themas erschließt sich, wenn man sich die vielen Fälle der Schrottimmobilien vor Augen hält. Soweit überhaupt Miete generiert werden kann, ist diese möglicherweise wegen Renovierungsstaus auf null gemindert. Unabhängig davon kommen erhebliche Belastungen in Form von Grundsteuern, Hausgeldern, Abwasserabgaben, Erschließungsbeiträgen, Versicherungsprämien, Altlastenbeseitigungsansprüchen und Ersatzvornahmekosten in Betracht. Entledigt sich der Insolvenzverwalter zur Schonung der Masse derartigen Immobilienvermögens, laufen beim Eigentümer Neuverbindlichkeiten auf, die von der Restschuldbefreiung nicht erfasst sind und vom pfändungsfreien Vermögen bestritten werden müssen.

Diese Problematik lässt der genannte Gesetzesentwurf bislang vollkommen unberücksichtigt.

Die Monographie legt zunächst die Voraussetzungen und Rechtsfolgen der Freigabe von Immobilienvermögen fest. Der Schwerpunkt liegt auf den Wirkungen der Freigabe. Nach der Freigabe stellt sich die Frage, ob diese durch den Schuldner oder Insolvenzverwalter rückgängig gemacht werden kann. Welche Handlungsalternativen bieten sich für den Schuldner an, dessen Restschuldbefreiung durch die Freigabe gefährdet werden kann? Das geltende Recht hält für den Ausgleich der Beteiligteninteressen keine Lösung zugunsten des Schuldners bereit. De lege ferenda ist an eine Haftungsbeschränkung analog § 1990 BGB zu denken. Rechtsprechung und Literatur sind bis Januar 2013 berücksichtigt.

Ich danke Herrn Prof. Dr. Andreas Piekenbrock für die Begutachtung der Arbeit und die Empfehlung zur Veröffentlichung. Ebenso danke ich Herrn Prof. Dr. Dr. h.c. Werner Ebke, LL.M. für die Zweitbegutachtung. Herrn Prof. Dr. Ulrich Ehricke und Herrn Prof. Dr. Christoph Paulus gilt mein Dank für die freundliche Aufnahme der Monographie in die Reihe Schriften zum Insolvenzrecht im Nomos Verlag. Ich danke Frau Rechtsanwältin Sandra Kleber, LL.M. für viele Anregungen und kritische Diskussionen. Meiner wissenschaftlichen Mitarbeiterin Frau Julia Fackert danke ich für die Durchsicht des Manuskripts.

Die Arbeit widme ich Herrn

Prof. Dr. Dr. h.c. mult. Erik Jayme, LL.M.

Er hat mir Wissenschaftlichkeit, Freude an den Künsten, deren Schutzbedürftigkeit für die Allgemeinheit sowie Humanismus gelehrt.

Bensheim im März 2013

Robert Beier

Inhaltsverzeichnis

Abkürzungsverzeichnis

a.A.	andere(r) Auffassung
a.a.O.	am angegebenen Ort
a.E.	am Ende
a.F.	alte Fassung
Abs.	Absatz
Abschn.	Abschnitt
AG	Amtsgericht
Alt.	Alternative
Anh.	Anhang
Anm.	Anmerkung
Art.	Artikel
Aufl.	Auflage
BB	Betriebsberater
Bd.	Band
Beck-RS	Beck-Rechtsprechung
BegrRegE	Begründung Regierungsentwurf
BFH	Bundesfinanzhof
BGB	Bürgerliches Gesetzbuch
BGBl.	Bundesgesetzblatt
BGH	Bundesgerichtshof
BGHZ	Entscheidungen des Bundesgerichtshofs in Zivilsachen
BImSchG	Gesetz zum Schutz vor schädlichen Umwelteinwirkungen durch Luftverunreinigungen, Geräusche, Erschütterungen und ähnliche Vorgänge (Bundes-Immissionsschutzgesetz)
Bl.	Blatt
BR-Drucks.	Drucksache des Deutschen Bundesrates
bspw.	beispielsweise
BT-Drucks.	Drucksache des Deutschen Bundestages
BVerfG	Bundesverfassungsgericht
BVerfGE	Entscheidungen des Bundesverfassungsgerichts
BVerwG	Bundesverwaltungsgericht
bzw.	beziehungsweise

d.h.	das heißt
DAV	Deutscher Anwaltverein
DB	Der Betrieb
ders.	derselbe
Einl.	Einleitung
f., ff.	folgend, folgende
Fn.	Fußnote
FS	Festschrift
GBO	Grundbuchordnung
gem.	gemäß
GG	Grundgesetz
ggf.	gegebenenfalls
GmbH	Gesellschaft mit beschränkter Haftung
Hrsg.	Herausgeber
i.d.R.	In der Regel
i.S.d., i.S.v.	im Sinne des/der, im Sinne von
i.ü.	im übrigen
i.V.m.	in Verbindung mit
InsbürO	Zeitschrift für das Insolvenzbüro
InsO	Insolvenzordnung
juris	Juristisches Informationssystem
JuS	Juristische Schulung
KG	Kammergericht
KO	Konkursordnung
KS	Kölner Schrift
LG	Landgericht
m.E.	meines Erachtens
m.w.N.	mit weiteren Nachweisen
MDR	Monatsschrift für deutsches Recht
MünchKomm	Münchener Kommentar
n.F.	neue Fassung
NJW	Neue Juristische Wochenschrift
NJW-RR	Neue Juristische Wochenschrift-Rechtsprechungsreport Zivilrecht
Nr.	Nummer
NVwZ	Neue Zeitschrift für Verwaltungsrecht
NVwZ-RR	Rechtsprechungs-Report Verwaltungsrecht

NZI	Neue Zeitschrift für Insolvenzrecht
NZM	Zeitschrift für Miet- und Wohnungsrecht
o.ä.	oder ähnlich, oder ähnliches
OLG	Oberlandesgericht
OVG	Oberverwaltungsgericht
RegE	Regierungsentwurf
RG	Reichsgericht
RGZ	Entscheidungen des Reichsgerichts in Zivilsachen
Rn.	Randnummer
S.	Seite
s.o.	siehe oben
sog.	so genannte, so genannter etc.
u.a.	unter anderem
u.U.	unter Umständen
VG	Verwaltungsgericht
vgl.	vergleiche
Vol.	Volumen
VuR	Zeitschrift für Wirtschafts- und Verbraucherrecht
WEG	Gesetz über das Wohnungseigentum und das Dauerwohnrecht (Wohnungseigentumsgesetz)
WM	Zeitschrift für Wirtschafts- und Bankrecht
z.B.	zum Beispiel
Ziff.	Ziffer
ZInsO	Zeitschrift für das gesamte Insolvenzrecht
ZIP	Zeitschrift für Wirtschaftsrecht und Insolvenzpraxis
ZMR	Zeitschrift für Miet- und Raumrecht
ZPO	Zivilprozessordnung
ZRP	Zeitschrift für Rechtspolitik
ZVG	Gesetz über die Zwangsversteigerung und Zwangsverwaltung

A. Einleitung

Das Insolvenzverfahren dient dazu, einen gerechten Ausgleich zwischen überschuldeten und zahlungsunfähigen Schuldnern und ihren Gläubigern zu schaffen. Im Jahr 2012 waren bei den deutschen Amtsgerichten 29.500 Unternehmensinsolvenzen gemeldet[1]. Die beantragten Verbraucherinsolvenzverfahren nahmen in der Vergangenheit stetig zu und stiegen zuletzt im Jahr 2009 auf eine Zahl von 101.102[2]. Seit diesem Jahr werden stets etwas mehr als 100.000 Verbraucherinsolvenzen registriert. Die Schäden für Gläubiger belaufen sich im Jahr 2012 auf ca. € 38,5 Milliarden[3]. Die Zahl der überschuldeten Einzelpersonen in der Bundesrepublik Deutschland soll sich seit 1993 verdoppelt und mittlerweile eine Zahl von mehr als 3,6 Mio. überschuldeter Haushalte erreicht haben[4]. Immobilienbesitz ist längst kein Garant mehr für eine wertbeständige Anlage. Vielmehr ist zu beobachten, dass eine Immobilie durchaus Hauptursache für die Insolvenz des Eigentümers sein kann[5]. Gerade Wohnungseigentümer haben immer mehr Schwierigkeiten, die laufenden Zahlungsverpflichtungen zu erfüllen. Dabei geraten mittlerweile auch diejenigen Wohnungseigentümer in wirtschaftliche Schwierigkeiten, die einmal über ein hohes Einkommen verfügt und vor allem aus steuerlichen Gründen Woh-

1 Vgl. Creditreform, Insolvenzen in Deutschland im Jahr 2012, unter www.creditreform.de, letzter Aufruf 21. Januar 2013. Im Jahr 2009 lag die Zahl erstmals seit 2003 wieder höher als im Vorjahr (+ 11,6%). Damals erreichte die Anzahl an Unternehmensinsolvenzen mit 39.320 Fällen den Höchststand. Vgl. Statistisches Bundesamt unter www.destatis.de.

2 Damit beantragten 3,0% mehr Verbraucher eine Insolvenz als im Vorjahr. Im Jahr 2008 waren die Verbraucherinsolvenzen zum ersten Mal seit Einführung der Insolvenzordnung zurückgegangen (–7,1% gegenüber 2007). Vgl. Statistisches Bundesamt unter www.destatis.de, letzter Aufruf 21. Januar 2013. Die Gesamtzahl aller Insolvenzen einschließlich der 2.808 Nachlassinsolvenzen und der 1.676 Insolvenzen von natürlichen Personen, die als Gesellschafter größerer Unternehmen von einer Insolvenz betroffen waren, belief sich im Jahr 2009 auf 162.907 (+5,0% gegenüber 2008).

3 Vgl. Creditreform, Insolvenzen in Deutschland im Jahr 2012, 21. Januar 2013 unter www.creditreform.de.

4 Quelle: www.destatis.de, letzter Aufruf 21. Januar 2013. Die Schufa Holding AG Wiesbaden beziffert für das Jahr 2008 6,9 Mio. überschuldete Privatpersonen und 2,8 Mio. überschuldete Haushalte, www.schufa-kredit-kompass.de, letzter Aufruf 21. Januar 2013. Die creditreform e.V. zählt 6,6 Mio. überschuldete Bürger über 18 Jahre am Stichtag 1. Oktober 2012 unter www.creditreform.de, letzter Aufruf am 21. Januar 2013. Vgl. zur Statistik auch Pape, ZInsO 2006, 897.

5 „Klotz am Bein“, Pape, AnwBl 2008, 494, 495: Private Kreditnehmer können kaum mit staatlicher Unterstützung rechnen, sondern allenfalls die Privatinsolvenz betreiben.

nungseigentum erworben haben[6]. Seit dem 1. Januar 1999 haben überschuldete Personen in Deutschland die Möglichkeit einer Schuldenbefreiung[7]. Die Einführung dieser Schuldbefreiung ging mit dem viel zitierten „Konkurs des Konkurses" einher[8]. Seit dem zwölfjährigen Bestehen der Insolvenzordnung reißt der Reformbedarf nicht ab. In der Praxis offenbart sich bei der Verfahrensabwicklung immer wieder eine Fülle von Problemen. Dabei muss es nicht immer um rechtlich spektakuläre Fälle der Vertragsgestaltung oder des Gesellschaftsrecht gehen; viele Sachverhalte spielen auf der rein praktischen Seite der Insolvenzabwicklung[9].

I. Die Freigabe von Immobilien im Insolvenzverfahren

Mit Eröffnung des Insolvenzverfahrens geht gemäß § 80 Abs. 1 InsO die Verwaltungs- und Verfügungsbefugnis über das im Eigentum des Insolvenzschuldners stehende Vermögen auf den Insolvenzverwalter über. Dieser Übergang erstreckt sich dabei nur auf das gemäß § 35 InsO zur Insolvenzmasse zählende Vermögen des Insolvenzschuldners, die sog. Soll-Masse[10]. Diese Rechtsstellung des Insolvenzverwalters endet normalerweise mit Beendigung des Insolvenzverfahrens gemäß §§ 207, 213 InsO durch Einstellungs- oder gemäß §§ 200, 258, 259 durch Aufhebungsbeschluss. Bereits zu Zeiten der Konkursordnung konnte der Konkursverwalter einzelne Vermögensgegenstände aus der Konkursmasse freigeben[11]. Der Bundesgerichtshof hat keinen Zweifel daran gelassen, dass die Insolvenzordnung an dieser Möglichkeit nichts geändert hat[12], vielmehr der Gesetzgeber

6 Vallender, NZI 2004, 401 unter ausdrücklicher Bezugnahme auch auf Ärzte, Steuerberater und Rechtsanwälte, die trotz gewinnbringenden operativen Geschäfts nicht mehr in der Lage sind, die laufenden Verbindlichkeiten wie Steuern oder das Gemeinschaftseigentum gemäß §§ 16 Abs. 2 und 4 WEG betreffende Lasten und Kosten zu erbringen. Lüke, ZWE 2010, 62 zählt beispielhaft auf, aufzuholende hohe Instandhaltungsrücklagen, abnehmende Dauer der Funktionstüchtigkeit eingesetzter Baumaterialien, gestiegene Ansprüche an den Wohnkomfort, höhere Lebenshaltungskosten etwa im Bereich der Energiepreise sowie eine schwierige allgemeine wirtschaftliche Lage. Auch besteht in vielen in den 60er Jahren gegründeten Wohnungseigentumsanlagen nunmehr ein erheblicher Sanierungsbedarf. Lüke, FS Wenzel, 2005, S. 235, 236.

7 Durch Beschluss des Amtsgerichts Düsseldorf vom 14. März 2000, 505 IK 9/99 wurde der ersten Schuldnerin in Deutschland Restschuldbefreiung erteilt. Zitiert nach Eckardt, Die Restschuldbefreiung, S. 1.

8 Hierzu Kilger, KTS 1975, 142; Smid, BB 1992, 501, 502.

9 Kesseler, ZInsO 2005, 418.

10 Die Soll-Masse ergibt sich aus der Bereinigung der Ist-Masse durch den Insolvenzverwalter, die dieser tatsächlich im Verwaltungsbesitz hat. Vgl. MünchKomm/Lwowski, § 35 InsO, Rn. 20; Uhlenbruck/Hirte, § 35 InsO, Rn. 5 m.w.N.

11 Vgl. nur RG, Urteil vom 1. März 1912, VII 423/11, RGZ 79, 27, 29; Kalter, KTS 1975, 1ff.; auch Mork/Heß, ZInsO 2005, 1206 m.w.N.

12 Vgl. BGH, Urteil vom 1. Februar 2007, IX ZR 178/05, NJW-RR 2007, 1205; BGH, Urteil vom 21. April 2005, VIII ZR 281/03, NJW 2005, 2015; auch OLG Naumburg, Urteil vom 1. März 2000, 5 U 192/99, ZIP 2000, 976.

die rechtliche Zulässigkeit einer Freigabe implizit voraussetze[13]. Diese massefreundliche Rechtsprechung wurde von anderen Bundesgerichten bestätigt. Beispielsweise hat das Bundesverwaltungsgericht die Freigabe als Mittel zur Entlastung der Masse in Fällen der Zustandsverantwortlichkeit auch ordnungsrechtlich grundsätzlich anerkannt[14]. Auch das Bundesarbeitsgericht hält die Freigabe für zulässig, selbst wenn dadurch Arbeitsverhältnisse aus der Insolvenzmasse ausgegliedert werden[15].

Trotz dieser Anerkennung ist die Freigabe jedoch nicht explizit im Gesetz geregelt. Sie ist und bleibt ein in jeder Hinsicht unbestimmter Rechtsbegriff mit den damit verbundenen Rechtsunsicherheiten[16]. Mit Gesetz vom 13. April 2007 wurden mit Wirkung zum 1. Juli 2007 die Regelungen von § 35 Abs. 2 und 3 InsO eingeführt. Da im strikten Gegensatz zum Konkursrecht nach der Insolvenzordnung auch der Neuerwerb des Schuldners zur Insolvenzmasse gezogen wird[17], besteht in bestimmten Verfahrenskonstellationen ein Bedürfnis, Einnahmen eines vom Schuldner nach Verfahrenseröffnung geführten Unternehmens durch Freigabe dem Zugriff der Gläubiger bzw. dem Insolvenzbeschlag zu entziehen[18]. Auch soll der Schuldner motiviert werden, seine selbständige Erwerbstätigkeit nachhaltig zu betreiben. Andererseits muss eine Gefährdung der Masse ausgeschlossen werden können[19]. Vor Erweiterung des § 35 InsO ergab sich die Möglichkeit zur Freigabe

13 Insbesondere ergebe sich das Bedürfnis einer Freigabe auch aus § 240 ZPO. Lehne der Insolvenzverwalter eine Weiterführung des Prozesses gemäß § 85 Abs. 2 InsO ab, ist es interessengerecht, dem Insolvenzschuldner selbst die Aufnahme des ruhenden Prozesses zu ermöglichen; dies aber ist nur möglich, wenn man die Freigabe für zulässig erachtet. Bestätigend zuletzt LG München, Urteil vom 11. Mai 2010, 11 S 23 373/09, NZI 2010, 821, 822.

14 BVerwG, Urteil vom 23. September 2004, 7 C 22.23, NZI 2005, 51. Das Ordnungsrecht habe die insolvenzrechtlichen Handlungsmöglichkeiten des Insolvenzverwalters zur Masseschonung zu respektieren. Insbesondere soll die Freigabe kontaminierter Grundstücke zulässig sein, damit die Masse von einer Sanierungspflicht befreit werden kann.

15 BAG, Urteil vom 10. April 2008, 6 AZR 368/07, ZInsO 2008, 866ff.; BAG, Urteil vom 5. Februar 2009, 6 AZR 110/08, ZInsO 2009, 1116ff.

16 Möglicherweise hat der Gesetzgeber die Freigabe als so selbstverständlich angesehen, dass eine praktische Notwendigkeit einer ausdrücklichen Regelung zu Inhalt und Umfang des Freigaberechts nicht gesehen wurde. Vgl. Mork/Heß, ZInsO 2005, 1206.

17 Zu den einzelnen Gründen vgl. Leonhardt/Smid/Zeuner, § 35 InsO, Rn. 2 m.w.N.; ebenso amtl. Begr. zu § 42 RegEInsO, BT-Drucks. 12/2443, S. 122.

18 Eine entsprechende Regelung wurde bereits seit vielen Jahren von der Praxis gefordert. Vgl. Haarmeyer, ZInsO 2007, 696; Wischemeyer, ZInsO 2007, 1240; ders. ZInsO 2009, 2121; „unabweisbares Bedürfnis", Zipperer, ZVI 2007, 541; KS/Mai, Kap. 19, 79f.; KS/Benckendorff, Kap. 43, Rn. 10. Kritisch zur Regelung Heinze, ZVI 2007, 349, 353ff.

19 LG Krefeld, Urteil vom 24. Februar 2010, 2 O 346/09, NZI 2010, 485f.: Die Freigabe gemäß § 35 Abs. 2 InsO soll zum einen die Insolvenzmasse und damit die Gläubiger vor Verlusten schützen, zum anderen aber auch dem Schuldner entsprechend dem Gebot in Art. 12 GG einen wirtschaftlichen Neubeginn durch Fortsetzung seiner Tätigkeit außerhalb seiner Insolvenzmasse eröffnen. Vgl. auch BT-Drucks. 16/3227, S. 17.

von Massegegenständen ausschließlich aus den §§ 80, 85 Abs. 2 i.V.m. § 32 Abs. 3 InsO[20].

Die Krise am Immobilienmarkt hat die weltweiten Finanzmärkte erschüttert. Fehlspekulationen haben zu einem unkalkulierbaren Wertberichtigungsbedarf an einem übersättigten Immobilienmarkt geführt. Die Selbstregulierungskräfte der Märkte wurden überstrapaziert und haben staatliche Stützungsprogramme in beinahe der gesamten westlichen Welt notwendig gemacht[21]. Das Bild einer stabilen Wertanlage in Form von Immobilienbesitz stimmt nur noch sehr bedingt, so dass gerade das Eigentum an einer bestimmten Immobilie der Grund eines Insolvenzverfahrens sein kann[22]. Diese Entwicklungen an dem Immobilienmarkt haben zu dem Begriff der „Schrottimmobilie" geführt, die unabhängig von etwaigen dinglichen Belastungen auch kein Insolvenzverwalter haben will. Vielmehr erscheinen diese Schrottimmobilien als Schreckgespenst, da selbst ein fachkundiger Insolvenzverwalter nicht weiß, welche finanziellen Gefahren hinter manch schöner Wohnfassade schlummern. Zu den allgemeinen die Masse belastenden Zahlungspflichten zählen vor allem Grundsteuern, WEG-Beiträge, Abwasserabgaben, Erschließungsbeiträge, Verkehrssicherungskosten, Altlastenbeseitigungsansprüche und Ersatzvornahmekosten sowie Versicherungsbeiträge[23]. Die Folge ist eine Vielzahl an von den Insolvenzverwaltern erklärten Freigaben von bebauten und unbebauten Grundstücken sowie Wohnungen.

II. Einführung in die Fragestellung

Ist der Schuldner eine natürliche Person, existieren während des laufenden Insolvenzverfahrens zwei voneinander zu trennende Vermögenssphären. Neben die Insolvenzmasse tritt immer die sog. insolvenzfreie Sphäre[24]. Letztgenanntes Vermögen unterliegt den Beschränkungen bzw. dem Schutz der §§ 36 Abs. 1 InsO, 811, 850ff. ZPO. Nur in diesem Bereich bleibt der Schuldner entgegen § 80 InsO

20 Leonhardt/Smid/Zeuner, § 32 InsO, Rn. 13; ders. § 35 InsO, Rn. 31; OLG Brandenburg, Urteil vom 31. Mai 2001, 5 U 128/00, ZInsO 2001, 558. Anders VG Darmstadt, welches das Recht auf Freigabe ausdrücklich aus § 32 Abs. 3 Inso herleitet (Leitsatz), Beschluss vom 29. September 2000, 3 G 1777/00 (3), ZInsO 2001, 89.

21 Vgl. Pape, AnwBl 2008, 494f. Der Büroleerstand hat sich zwischen den Jahren 2001 und 2004 in Berlin verdoppelt, in Düsseldorf vervierfacht und in Frankfurt versiebenfacht. Teilweise ist der starke Zuwachs in diesem Zeitraum auf das Platzen Blase der Neweconomy zurückzuführen.

22 „(...) sei es wegen schön gerechneter Wertentwicklungen oder planmäßig in die Insolvenz geführter Mietgaranten", Pape, AnwBl 2008, 494, 495. Es gibt keinen Grundsatz, dass ein Mietvertrag für den Vermieter auch tatsächlich Einnahmen generiert. Vgl. BGH, Urteil 5. Juli 2007, IX ZR 185/06, ZInsO 2007, 1111, 1114.

23 Vgl. Pape, AnwBl 2008, 494, 498.

24 Ries, ZInsO 2009, 2030, 2033.

unbeschränkt verfügungsbefugt. Allerdings beschränkt sich auch die Haftung des Insolvenzschuldners für Neuverbindlichkeiten auf sein insolvenzfreies Vermögen.

Die Freigabe wird in Rechtsprechung und Literatur ganz überwiegend als probates Mittel für den Verwalter bezeichnet, sich aus der Haftung zu lösen[25]. Den Insolvenzverwalter treffe ggf. sogar die Pflicht, massegefährdende Gegenstände freizugeben, um nicht gem. § 60 InsO gegenüber der Gläubigergemeinschaft schadensersatzpflichtig zu werden. Somit kann es zu seinem Pflichtenkreis gehören, die Freigabe zum Wohle der Masse zu erklären. Die Masse soll von Kosten entlastet werden, mit denen keine zusätzlichen Befriedigungsaussichten korrespondieren[26]. Aus Sicht der Insolvenzgläubiger vollzieht die mit der Freigabe bewirkte Enthaftung lediglich das wirtschaftliche Ergebnis, dass der Wert eines beispielsweise für die Masse wertlosen Grundstücks ohnehin nicht die Haftungsmasse anreichert. Teilweise ist umstritten, ob der Freigabe unter bestimmten Voraussetzungen Einhalt zu gebieten ist. Hierzu wird auf gesetzliche Regelungen hingewiesen, die eine Freigabe verbieten, so dass sie im Einzelfall unzulässig ist[27]. Ist der Insolvenzschuldner eine natürliche Person, soll die Freigabe jedenfalls zulässig sein. Durch die Freigabe fällt insolvenzbefangenes Vermögen an den Schuldner zurück. Allgemein wird angenommen, dass der Schuldner der Freigabeerklärung nicht zustimmen muss[28]. Vielmehr genüge die Anzeige gegenüber dem Gericht. Der freigegebene Vermögensgegenstand werde dem Schuldner nicht aufgedrängt, sondern falle lediglich wieder in sein unbeschränktes Vermögen zurück[29]. All diese Feststellungen finden sich nicht im Gesetz, sondern wurden von Praxis, Rechtsprechung und Wissenschaft im Wege der Auslegung des Gesetzes ermittelt bzw. festgelegt. Von daher ist die Freigabe nach wie vor der Rechtsfortbildung in Praxis und Wissenschaft ausgesetzt[30].

25 Vgl. nur Leonhardt/Smid/Zeuner, § 80 InsO, Rn. 30; OLG Rostock, Urteil vom 12. Oktober 2000, 7 U 125/99, ZInsO 2000, 604; OLG Naumburg, Urteil vom 1. März 2000, 5 U 192/99, ZInsO 20000, 154; Kleine/Flöther, NJW 2000, 405; kritisch Purps/Schumann, NJW 1999, 2479f.

26 Pape/Uhlenbruck/Voigt-Salus, Insolvenzrecht, Kap. 22, Rn. 12. Sie verwirkliche folglich das Äquivalenzprinzip zwischen Massepflichten einerseits und der damit in das Gleichgewicht zu bringenden Gläubigerbefriedigung andererseits. Uhlenbruck, KTS 2004, 275; Häsemeyer Fs Uhlenbruck, 2000, S. 97, 101.

27 Eine solche gesetzliche Regelung könnte sich bspw. aus den §§ 13ff. KrW-/AbfG ergeben. Eine lediglich auf Abfälle bezogene Freigabe des Verwalters verstoße jedenfalls gegen die Bestimmungen des Abfallrechts. Dahl, NJW-Spezial 2010, 341, 342.

28 Pape/Uhlenbruck/Voigt-Salus, Insolvenzrecht, Kap. 22, Rn. 12.

29 Pape/Uhlenbruck/Voigt-Salus, Insolvenzrecht, Kap. 22, Rn. 12. Hiervon zu unterscheiden ist die Frage, ob auch Gegenstände freigegeben werden können, welche zuvor vom Verwalter für den Schuldner erworben wurden.

30 Auch wenn ohne nähere Begründung vielfach zu lesen ist, die Freigabe unterliege einer „klaren gesetzgeberische Wertung“, zuletzt LG Krefeld, Urteil vom 24. Februar 2010, 2 O 346/09, NZI 2010, 485.

Liegt der Grund des Antrages einer natürlichen Person auf Eröffnung des Insolvenzverfahrens über ihr Vermögen verbunden mit dem Antrag auf Restschuldbefreiung allein in dem Erwerb von Wohnungseigentum, wird es sich regelmäßig um eine wertausschöpfende Schrottimmobilie handeln. Auch ist denkbar, dass eine natürliche Person einen Antrag auf Eröffnung des Insolvenzverfahrens verbunden mit einem Antrag auf Restschuldbefreiung stellt, weil zum Schuldnervermögen ein kontaminiertes Grundstück gehört und dieses aus Eigenmitteln des Schuldners weder saniert noch eine etwaige Ersatzvornahme durch die Ordnungsbehörde finanziert werden kann[31]. Gibt der Insolvenzverwalter eine unrentable Eigentumswohnung oder ein mit Altlasten kontaminiertes Grundstück aus der Insolvenzmasse frei, fällt es in das Schuldnervermögen zurück, auch wenn der Schuldner dieses Grundvermögen nicht haben will bzw. aufgrund dieses Immobilienbesitzes den Antrag auf Eröffnung des Insolvenzverfahrens gestellt hat. Durch die Freigabe ist der Schuldner unter Umständen erneut verpflichtet, für die Altlastenbeseitigung aufzukommen oder sonstige Sanierungsbeiträge und Hausgelder zu zahlen. Damit sieht sich der Schuldner einer Inanspruchnahme ausgesetzt, die er aufgrund des bereits eröffneten Verfahrens aus seinem nach §§ 36 Abs. 1 InsO, 811, 850ff. ZPO pfändungsfreien Vermögen leisten müsste. Fließen aus dem Grundvermögen keinerlei Einnahmen mehr[32], wird der Schuldner ohne etwaige finanzielle Vorteile von der Wohnungseigentümergemeinschaft für die Anteile an den Gemeinkosten, vom Fiskus hinsichtlich der Grundsteuer sowie wegen öffentlichen Lasten (ggf. auch Abfallbeseitigung) oder von Dritten wegen sonstiger Forderungen (der Mieter verlangt Sanierung oder Reparatur des Mietobjektes) in Anspruch genommen. Aus seinem pfändungsfreien Vermögen wird der Schuldner gegen ihn gerichtete Forderungen nicht ausgleichen können. Der Schuldner fällt (erneut) in die Insolvenz während der Wohlverhaltensphase. § 1 Satz 2 InsO sieht vor, dass dem redlichen Schuldner die Gelegenheit zur Restschuldbefreiung gegeben werden muss. Der Schuldner hat folglich einen Rechtsanspruch auf die Restschuldbefreiung, sofern er die Voraussetzungen der Insolvenzordnung erfüllt. Durch die Freigabe kann diese Restschuldbefreiung gefährdet sein. Eine mögliche Strategie des Schuldners könnte die sachenrechtlich grundsätzlich zulässige Grundstücksdereliktion sein[33].

31 So auch Pape, AnwBl 2008, 494, 499f.

32 Die Gründe können vielfältiger Natur sein: die Miete ist abgetreten und wird vom Zessionar (im Regelfall ein grundpfandrechtlich gesichertes Kreditinstitut) eingezogen; der oder die Mieter zahlen aufgrund diverser Mängel keine Miete oder aber das Anwesen ist nicht mehr vermietet und kann auch nicht mehr vermietet werden.

33 Gemäß § 928 BGB ist zur Dereliktion die Erklärung des Verzichts im Grundbuch erforderlich; dingliche Rechte am Grundstück werden dadurch nicht berührt (§§ 58, 787 ZPO). Das unrentable „Schloss der Ahnen“, Baur/Stürner, Sachenrecht, § 53, Rn. 75.

Allerdings ist die Dereliktion aus Sicht der Rechtsprechung bei Wohnungseigentum[34] und Miteigentum[35] nicht möglich.

Zwar hat sich durch die eindeutige gesetzliche Regelung die Diskussion erledigt, ob die Freigabe überhaupt zulässig ist[36]. Es ist aber zu diskutieren, wie trotz dem berechtigten Gläubigerinteresse an einer möglichst großen Haftungsmasse dem (weiteren) Ziel der Insolvenzordnung genüge getan werden kann, dem redlichen Schuldner die Restschuldbefreiung zu ermöglichen.

III. Aktuelle bedeutende Entwicklungen

Die juristischen Fragestellungen bei der Freigabe von Immobilienvermögen sind vielgestaltig. Die Rechtsprechung ist uneinheitlich und ergeht derzeit in immer größer werdender Fülle. Es ist kein Zufall, dass die 5. Jahresarbeitstagung für Miet- und Wohnungseigentumsrecht im November 2010 in Bochum der Insolvenz des Wohnungseigentümers eine eigene Fach- und Diskussionsrunde gewidmet hatte[37].

Insbesondere die Folgen der Freigabe von Wohnungseigentum sind nicht geklärt. Der Entwurf eines Gesetzes zur Verkürzung des Restschuldbefreiungsverfahrens und zur Stärkung der Gläubigerrechte vom 31. Oktober 2012[38] behandelt die hier aufgeworfene Problematik (noch) nicht. Eine aktuelle Entscheidung des Amtsgerichts Mannheim hatte sich mit der Zukunft der Hausgeldansprüche befasst[39]. Nachdem der Schuldner für den Zeitraum nach Freigabe die Abrechnungssalden, Sonderumlagen und Vorschüsse auf den Wirtschaftsplan schuldig blieb, wurde er von der Eigentümergemeinschaft gerichtlich auf Zahlung in Anspruch genommen. Zu Unrecht, wie das Amtsgericht Mannheim meint. Die Beendigung des Insolvenzbeschlages beschränke sich „in Ansehung des Gegenstandes“ des Wohnungseigentums[40]. Mit der Freigabe entfielen daher nur die dinglichen Lasten,

34 BGH, Beschluss vom 14. Juni 2007, V ZB 18/07, NJW 2007, 2547.

35 BGH, Beschluss vom 10. Mai 2007, V ZB 6/07, NJW 2007, 2254. A.A. MünchKomm/Kanzleiter, § 928 BGB, Rn. 3f.

36 Pape/Uhlenbruckl/Voigt-Salus, Insolvenzrecht, Kap. 22, Rn. 12; BGH, Urteil vom 21. April 2005, VIII ZR 281/03, NJW 2005, 2015. Nach wie vor diskutiert wird die Frage bei Kapitalgesellschaften.

37 Vgl. Fachprogramm der 5. Jahresarbeitstagung für Miet- und Wohnungseigentumsrecht vom 19. bis 20. November 2010 im DAI-Ausbildungscenter in Bochum im Internet unter www.anwaltsinstitut.de, letzter Aufruf am 29. Oktober 2010.

38 BT-Drucks. 17/11268.

39 AG Mannheim, Urteil vom 4. Juni 2010, 4 C 25/10, NZI 2010, 689ff. Die Berufung wird beim LG Karlsruhe unter dem Aktenzeichen 11 S 105/10 geführt.

40 AG Mannheim, Urteil vom 4. Juni 2010, 4 C 25/10, NZI 2010, 689, 690.

nicht aber die sonstigen Verbindlichkeiten des Schuldners[41]. Das Landgericht Krefeld hat hingegen in einer aktuellen Entscheidung festgestellt, dass zumindest im Rahmen von § 35 Abs. 2 InsO auch sämtliche Verpflichtungen aus dem freigegebenen Gegenstand erfasst werden[42].

Das Insolvenzgericht Darmstadt hatte kürzlich über den Antrag auf Beiordnung eines Verfahrensbevollmächtigten gemäß § 4a Abs. 2 InsO zu entscheiden[43]. Grund der Verschuldung war der Erwerb einer Eigentumswohnung zu einem überhöhten Kaufpreis als vermeintliche Kapitalanlage. Der Treuhänder zeigte gemäß § 208 InsO Masseunzulänglichkeit an und gab das Wohnungseigentum aus der Masse frei. Nach der Freigabe sah sich der Schuldner Forderungen der Wohnungseigentümergemeinschaft, des Mieters und der Gemeinde wegen öffentlicher Abgaben ausgesetzt. Mieteinnahmen wurden wegen Mangeleinreden keine erzielt. Das Insolvenzgericht ordnete einen Rechtsanwalt nach Wahl des Schuldners bei, da die Klärung materiell-rechtlicher Angelegenheiten nicht von der Fürsorgepflicht des Insolvenzgerichts umfasst sei. Der Schuldner könne im Zusammenhang mit der Freigabe nicht zwischen Masse- und Neuverbindlichkeiten entscheiden. Damit geht das Insolvenzgericht zumindest davon aus, dass nicht ohne Weiteres die Einordnung der Verbindlichkeiten im Zusammenhang mit Wohnungseigentum als Masse- oder Neuverbindlichkeiten einzuordnen sind. In zwei danach ergehenden Beschlüssen lehnte das Insolvenzgericht Darmstadt eine Beiordnung für ähnlich gelagerte Fälle ab[44]. Zur Begründung führte es aus, dass „eine Beiordnung gem. § 4a Abs. 2 InsO nur die reine Abwicklung des Insolvenzverfahrens betreffe“. Durch die Freigabe stehe das Grundstück jedoch in keinem Zusammenhang mehr mit dem Insolvenzverfahren und deren Abwicklung. Damit geht das Insolvenzgericht davon aus, dass nach Freigabe der Vermögensgegenstand jede Beziehung zum Insolvenzverfahren verloren hat. Folgt man dieser Ansicht, würde der Schuldner ggf. „über Gebühr in Anspruch genommen werden“, wie es das Amtsgericht Mannheim formuliert hat[45].

41 So wohl auch Lüke, ZWE 2010, 62, 67; Braun/Bäuerle, § 35 InsO, Rn. 12. Auch die Finanzgerichte gehen in wohl gesicherter Rechtsprechung davon aus, dass unbeschadet einer Freigabe eine Steuerpflicht für Kraftfahrzeuge erst dann entfällt, wenn der Insolvenzverwalter die Haltereigenschaft aufgibt. Zuletzt BFH, Urteil vom 16. Oktober 2007, IX R 29/07, ZInsO 2008, 211. Hierzu Looff, ZInsO 2008, 75ff.; Roth, ZInsO 2008, 304ff.

42 LG Krefeld, Urteil vom 24. Februar 2010, 2 O 346/09, NZI 2010, 485.

43 AG Darmstadt, Beschluss vom 27. Oktober 2009, 9 IK 188/09, BeckRS 2010, 03864 mit Anm. Beier, Verbraucherinsolvenz aktuell 2010, 24.

44 AG Darmstadt, Beschluss vom 5. Juli 2010, 9 IK 153/09; AG Darmstadt, Beschluss vom 5. Juli 2010, 9 IK 152/09 (beide nicht veröffentlicht).

45 AG Mannheim, Urteil vom 4. Juni 2010, 4 C 25/10, NZI 2010, 689, 690.

IV. Gang der Untersuchung

Ziel der vorliegenden Arbeit ist es, die Voraussetzungen und Rechtsfolgen der Freigabe von Immobilienvermögen bei der Insolvenz natürlicher Personen zu untersuchen. Das materielle Recht ist folglich Ausgangspunkt der Betrachtung der materiell-rechtlich wirkenden Rechtshandlung. Prozessuale Fragen bleiben außer Betracht. Ausgehend vom Zweck sowie einzelnen Zulässigkeitsfragen werden in Kapitel B. schwerpunktmäßig die Wirkungen der Freigabe untersucht, was den Hauptteil der Arbeit ausmacht. Dabei sind im Wesentlichen zwei Fallgruppen zu betrachten: die Freigabe von Immobilien im Allgemeinen und die Freigabe von Wohnungseigentum im Besonderen. Das Kapitel endet mit der Untersuchung der Möglichkeiten, die Freigabe auf Betreiben des Insolvenzverwalters rückgängig zu machen. Kapitel C. beginnt mit der Darstellungen der Handlungsalternativen des Schuldners, auf die Freigabe von Immobilienvermögen zu reagieren. Im Anschluss werden diejenigen Fallgruppen herausgelöst, die für den Schuldner eine Gefahr darstellen, am Ende der Wohlverhaltensphase keinen schuldenfreien Neustart beginnen zu können. Um für diese Fälle einen abschließenden Lösungsansatz zu entwickeln, ist das Gläubigerinteresse an einer bestmöglichen Befriedigung durch die Masse mit dem Verfahrensziel der Restschuldbefreiung abzuwägen. Kapitel D. fasst die gefundenen Ergebnisse thesenartig zusammen.

B. Die Freigabe von Immobilienvermögen

Die Möglichkeit der Freigabe wird in §§ 32 Abs. 3, 35 InsO als Insolvenzverwaltermaßnahme vorausgesetzt. Ihre grundsätzliche Zulässigkeit ist de lege lata daher nicht in Frage zu stellen[46]. Gemäß § 35 Abs. 2 InsO kann der Insolvenzverwalter bei einem selbständigen Schuldner darüber entscheiden, ob Vermögen aus der selbständigen Tätigkeit zur Insolvenzmasse gehört und ob Ansprüche aus dieser Tätigkeit im Insolvenzverfahren geltend gemacht werden können. § 32 Abs. 3 InsO beschränkt sich auf Verfahrensgrundsätze nach Freigabe von Immobilienvermögen.

I. Zweck der Freigabe und einzelne Zulässigkeitsfragen

Um sich den Voraussetzungen und Rechtsfolgen der Freigabe zu nähern, ist der mit ihr verfolgte Zweck zu betrachten. Ausgehend von der besonderen und näher geregelten Norm in § 35 Abs. 2 InsO kommt man zu § 32 Abs. 3 InsO und schließlich zur allgemeinen, gesetzlich nicht näher geregelten Freigabe von einzelnen Vermögensgegenständen.

1. Die Freigabe nach § 35 Abs. 2 InsO

Mit dem zum 1. Juli 2007 in Kraft getretenen Gesetz zur Vereinfachung des Insolvenzverfahrens wurde die für die Bestimmung der Massezugehörigkeit wesentliche Norm des § 35 InsO um zwei weitere Absätze ergänzt. Gedacht ist an natürliche Personen, die ihre selbständige Tätigkeit im Insolvenzverfahren mit oder ohne Kenntnis des Insolvenzverwalters fortsetzen oder eine solche Tätigkeit beginnen[47]. Die in § 35 Abs. 2 Satz 1 InsO geregelte Erklärung wird in der Praxis allgemein als Freigabe bezeichnet[48], obwohl deren systematische Einordnung in die insolvenzrechtlichen Vorschriften noch nicht endgültig geklärt ist.

46 Vgl. nur Förster, ZInsO 2000, 315ff.; Smid, WM 2005, 625, 626; Henckel, FS Kreft, 2004, S. 291ff.; Lüke, FS Wenzel, 2005, S. 235, 237; LG Chemnitz, Urteil vom 15. November 1995, 9 O 3353/94, ZIP 1995, 2007.

47 Heinze, ZVI 2007, 349, 350; Lüers, AnwZert. InsR 9/2009, Anm. 4. So bereits vor Einführung der Norm, Smid, WM 2005, 625.

48 Vgl. Zipperer, ZVI 2007, 541 m.w.N.

Die Freigabe nach § 35 Abs. 2 Satz 1 InsO bezieht sich auf die gesamte selbständige Tätigkeit des Schuldners. Es werden also sowohl die Insolvenzmasse verpflichtende Verträge[49], als auch einzelne Vermögensgegenstände frei gegeben. Diese setzen sich aus dem für die selbständige Tätigkeit eingesetzten Vermögensgegenständen zusammen[50]. Jedenfalls soll der freigegebene Neuerwerb nicht mehr zur Insolvenzmasse gehören, sondern den Neugläubigern als Haftungsobjekt und dem Schuldner als Verdienstmöglichkeit zur Verfügung stehen[51]. Der Schuldner wird mit der Freigabe den nicht selbständig tätigen Schuldnern gleichgestellt[52]. Dies soll mit dem Ziel geschehen, die Masse vor Belastungen mit Verbindlichkeiten zu schützen, die in Anlehnung an § 109 Abs. 1 Satz 1 InsO durch die Neuverbindlichkeiten des schuldnerischen Unternehmens nicht verpflichtet wird[53]. Mit anderen Worten kommt eine Freigabe dort in Betracht, wo es an der Kündbarkeit eines Rechtsverhältnisses aus Rechtsgründen mangelt[54]. Der Masse soll gegen ihren Willen von dritter Seite keine zusätzlichen Masseverbindlichkeiten mehr aufgezwungen werden können[55]. Darüber hinaus soll auch der Schuldner einen Anreiz erhalten, seine selbständige Tätigkeit fortzuführen oder auch eine neue selbständige Tätigkeit aufzunehmen, um auf diesem Weg die Möglichkeit eines wirtschaftlichen Neubeginns zu erhalten[56]. Auch sollen den Neugläubigern des Schuldners die nach der Freigabeerklärung durch die selbständige Tätigkeit erzielten Einkünfte zustehen. Im Rahmen des § 35 Abs. 2 InsO geht es folglich zum einen darum, die Masse von unattraktiven Verbindlichkeiten zu entlasten und zum anderen dem Schuldner zu ermöglichen, selbstbestimmt beruflich weiterarbeiten zu können[57]. Grundsätzlich kann von der Freigabeerklärung nach § 35 Abs. 2 InsO auch ein Grundstück betroffen sein, sofern es zur Ausübung der selbständigen Tätigkeit erforderlich ist.

49 MünchKomm/Lwowski/Peters, § 35 InsO, Rn. 85.
50 BT-Drucks. 16/3227, S. 17 (ZVI 2006, 413, 418); auch Heinze, ZVI 2007, 349, 354.
51 Zipperer, ZVI 2007, 541.
52 Gutsche, ZVI 2008, 41. Ries, ZInsO 2009, 2030, 2034 spricht insoweit richtigerweise von einem „Existenzsicherungskonzept im Sinne von Art. 12, 14 GG".
53 Der Insolvenzverwalter hat weder das Recht noch die Pflicht, dem Insolvenzschuldner mitzuteilen, was er zu tun hat. Von daher hat der Insolvenzverwalter auch keinen Einfluss darauf, ob der Insolvenzschuldner eine selbständige Tätigkeit entfaltet oder fortführt. Als Haftungskorrelat zu diesem Freiheitsrecht ist dem Verwalter die Möglichkeit eingeräumt, eine entsprechende Enthaftung der Masse durch Freigabe zu erreichen. Ebenso Smid, WM 2005, 625, 627f.
54 Küpper/Heinze, ZinsO 2010, 2009.
55 Vgl. Ries, ZInsO 2009, 2030, 2035.
56 Heinze, ZVI 2007, 349; Lüers, Anwzert. InsR 9/2009, Anm. 4.
57 Ries, ZInsO 2009, 2030, 2034.

2. Die Freigabe von Grundstücken gem. § 32 Abs. 3 InsO

§ 32 Abs. 2 InsO regelt die Freigabe von Grundstücken nicht. Vielmehr beschränkt sich die Norm darauf, das Verfahren zu beschreiben, welches vom Insolvenzverwalter nach Freigabe oder Veräußerung von Grundstücken aus der Masse einzuhalten ist. § 32 Abs. 3 InsO kommt insoweit nur eine Sicherungsfunktion zu, um die Unrichtigkeit des Grundbuches zu verhindern[58]. Unrichtig ist das Grundbuch, wenn gem. § 3 Abs. 1 GBO auf dem betreffenden Grundbuchblatt die Eintragung der insolvenzrechtlichen Verfügungsbeschränkung trotz Freigabe verzeichnet bleibt. Durch Freigabe oder Veräußerung endet die Massezugehörigkeit, so dass der zuvor gem. § 32 Abs. 1 InsO eingetragene Insolvenzvermerk zu löschen ist. Der nähere Sinn oder die Zulässigkeitsvoraussetzungen der eigentlichen Freigabe lassen sich dieser Norm aufgrund ihres rein verfahrensrechtlichen Inhalts nicht entnehmen.

3. Die gesetzlich nicht näher geregelte Freigabe

Unbestritten kann der Insolvenzverwalter bei Zweifeln über unpfändbares Vermögen des Insolvenzschuldners gemäß § 36 InsO die Freigabe bezüglich dieser aus seiner Sicht nicht der Pfändung unterliegenden Gegenstände erklären[59]. Diese Freigabe hat nur deklaratorische Bedeutung, wenn das freigegebene Schuldnervermögen tatsächlich nicht der Pfändung unterlegen hätte. Die (sog. unechte oder deklaratorische[60]) Freigabe verfolgt in diesem Fall ausschließlich Schuldnerinteressen.

Allgemein geht man davon aus, dass der Insolvenzverwalter kraft seiner Verwaltungs- und Verfügungsbefugnis gem. § 80 InsO darüber hinaus die Möglichkeit hat, einzelne Gegenstände aus der Insolvenzmasse nach pflichtgemäßen Ermessen

58 MünchKomm/Schmahl, §§ 32, 33 InsO, Rn. 76.

59 Freilich ist ggf. das Verfahren gemäß § 36 Abs. 4 InsO einzuhalten. Vgl. Smid, WM 2005, 625, 632, wonach die Freigabe dafür sorgen soll, dass seitens des Insolvenzverwalters dem Schuldner Mittel zum Erwerb des persönlichen Lebensbedarfs überlassen werden.

60 Näher dazu unter B. III. 2.

freizugeben[61]. Diese Möglichkeit ergab sich vor 1999 ausdrücklich aus § 114 KO. Zur wichtigsten Aufgabe des Konkursverwalters gehörte es, die Masse möglichst von Kosten zu entlasten und auf solche Gegenstände zu beschränken, die für die Gläubiger in irgendeiner Weise verwertbar waren. Von daher bestimmte § 3 KO, dass die Konkursmasse zur gemeinschaftlichen Befriedigung aller persönlichen Gläubiger dient, so dass vorrangig die Interessen der Gläubiger zu wahren waren[62]. Bei Einführung der Insolvenzordnung wurde teilweise eingewandt, eine Freigabe im Rahmen der Insolvenzordnung sei nicht mehr nötig[63]. Ausgangspunkt der Argumentation war, dass freies Vermögen einer juristischen Person in der Insolvenz nicht bestehen könne, weil die insolvenzmäßige Abwicklung zugleich auch die Liquidation der Gesellschaft zur Aufgabe habe. Der Insolvenzverwalter sei neben dem Insolvenzverfahren auch zur Liquidation einer juristischen Person verpflichtet, so dass zumindest eine Freigabe bei nicht natürlichen Personen unmöglich sei[64]. Unabhängig von dieser Überlegung bzgl. juristischer Personen, zeigen die §§ 32, 35 InsO, dass das Gesetz die Freigabe jedenfalls in bestimmten Konstellationen ausdrücklich vorsieht.

Die Freigabe soll wie zu Zeiten der Konkursordnung vor allem dann in Betracht kommen, wenn zu erwarten ist, dass angesichts der finanziellen Lasten, die mit dem Gegenstand zusammen hängen, dessen Verwertung für die Masse keinen

61 Vgl. nur Lüke, FS Wenzel, 2005, S. 235, 237. MünchKomm/Schmal, §§ 32, 33 InsO, Rn. 78; BGH, Urteil vom 5. Juli 2001, IX ZR 327/99, NJW 2001, 2966, 2967; BGH, Urteil vom 21. April 2005, VIII ZR 281/03, NJW 2005, 2015, 2016; BGH, Urteil vom 19. Januar 2006, IX ZR 232/04, NJW 2006, 1286, 1288; BVerwG, Urteil vom 23. September 2004, 7 C 22/03, NVwZ 2004, 1505. Die Freigabe ist in ihrer Wirksamkeit nur nach allgemeinen Grundsätzen bei offensichtlicher Insolvenzzweckwidrigkeit unter den weiteren Voraussetzungen der Regeln über den Missbrauch der Vertretungsmacht beschränkt und bei deren Vorliegen nichtig. Vgl. Lüke, FS Wenzel, 2004, S. 235, 237. Eine Ausnahme ohne nähere Begründung findet sich bei Gottwald/Klopp/Kluth, Handbuch, § 27, Rn. 7: Der Insolvenzverwalter ist zur Freigabe nur „ausnahmsweise befugt, wenn die Gegenstände unverwertbar sind“. Die in § 22, Rn. 42 Fn. 31 genannten Fundstellen stützen diese These nicht. Vielmehr ist der Verwalter zur Freigabe ohne diese Einschränkung befugt. Ob und wie er sich mit der Freigabe von Vermögensgegenständen gegenüber der Gläubigergemeinschaft schadensersatzpflichtig macht, ist eine andere Frage.

62 Wimmer/Dauernheim/Wagner/Gietl/Bruder, Insolvenzrecht, Kap. 2, Rn. 268 m.w.N. Es war zu Zeiten der Konkursordnung damit nicht strittig, dass der Verwalter berechtigt und im Verhältnis zu den Gläubigern sogar verpflichtet war, unverwertbare und belastete Gegenstände freizugeben.

63 Schmidt, Wege zum Insolvenzrecht, S. 70f.; Schmidt, ZIP 1997, 1441, 1444.

64 Schmidt, ZIP 2000, 1913, 1917f. Bedenken gegen die Zulässigkeit der Freigabe in der Gesellschaftsinsolvenz ergeben sich aus der durch die Freigabe letztlich ohne Störerhaftung ergebende Gefahr aus mit Umweltlasten belasteten Grundstücken.

Nutzen bringt[65]. Praktische Bedeutung hat die Freigabe damit vor allem im Zusammenhang mit Umweltlasten[66]. Dem Verwalter soll es nach der einschlägigen Rechtsprechung allerdings nicht verwehrt sein, Altlastenrisiken des Schuldners der Allgemeinheit aufzubürden. Es sei gerade der Sinn der Freigabe, die Masse von nicht verwertbaren Gegenständen zu entlasten, so dass ein daran anknüpfendes Verdikt die Freigabe als solche in Frage stellen würde[67]. Die Gläubiger haben ein Interesse daran, im Rahmen der insolvenzrechtlichen Liquidation nicht nur gleichmäßig, sondern auch bestmöglich befriedigt zu werden[68]. Dieses Gläubigerinteresse verbiete es, die Masseverwaltung mit der Fürsorge von Gegenständen zu belasten, deren Verwertung nicht möglich ist oder für die Masse nichts einbringen. Allerdings findet sich im Gesetz nichts über die immer wieder zitierte „bestmögliche Gläubigerbefriedigung". Unbestrittener Maßen hat der Insolvenzverwalter eine „bestmögliche Verwertung" des Schuldnervermögens vorzunehmen[69]. Allein aus diesem Grundsatz lässt sich aber eine nur teilweise Verwertung des Schuldnervermögens zur bestmöglichen Gläubigerbefriedigung nicht entnehmen[70]. In den §§ 103ff. InsO sind zum Teil sehr detaillierte Wahlrechte des Verwalters beschrieben, welche die Masse schonen und damit auch eine „bestmögliche Gläubigerbefriedigung" sicher stellen sollen. Vor diesem Hintergrund kann man zunächst nur darauf abstellen, dass die vom Gesetz zumindest vorgesehene Freigabe neben dem „fresh start"[71] des Schuldners gemäß § 35 Abs. 2 InsO ebenso die Masse schonen soll.

65 MünchKomm/Schmal, §§ 32, 33 InsO, Rn. 78; deutlich auch KG, Beschluss vom 30. September 2005, 7 W 61/05, ZInsO 2005, 1217; BGH, Urteil vom 21. April 2005, IX ZR 281/03, ZInsO 2005, 594, 595; BGH, Urteil vom 7. Dezember 2006, IX ZR 161/04, ZInsO 2007, 94, 95; BGH, Urteil vom 26. Januar 2006, IX ZR 282/03, ZInsO 2006, 260, 261; BGH, Urteil vom 2. Februar 2006, IX ZR 46/05, ZInsO 2006, 326, 327; so auch Molitor, ZInsO 2009, 231, 232.

66 Hierzu bspw. Schmidt, Wege zum Insolvenzrecht, S. 69ff.; Schmidt, ZIP 2000, 1913ff.; OVG Greifswald, Urteil vom 16. Januar 1997, 3 L 94/96, WM 1998, 1548, 1553: Die Freigabe läuft im Zweifelsfall auf eine Teilung des Vermögens des Schuldners zu Lasten der Ordnungsbehörde hinaus, wenn und soweit es sich um Grundstücke mit Altlasten handelt.

67 MünchKomm/Görg, § 159 InsO, Rn. 11; BVerwG, Urteil vom 23. September 2004, 7 C 22.23, NZI 2005, 51, 53. Die Freigabe sei daher auch nicht entsprechend § 138 BGB unwirksam, wenn einzige Intention des Verwalters die Befreiung aus einer eigenen ordnungsrechtlichen Haftung sei. Vgl. Smid, WM 2005, 625, 626.

68 Vgl. Kübler/Prütting/Bork/Lüke, § 80 InsO, Rn. 9; BGH, Urteil vom 21. April 2005, IX ZR 281/03, NJW 2005, 2015, 2016.

69 Statt vieler Uhlenbruck/Wegener, § 103 InsO, Rn. 97 m.w.N.

70 Es sei denn, man betrachtet die Freigabe als Teil der Verwertung.

71 Zur Begrifflichkeit, Smid, WM 2005, 625, 632; auch Bruns, KTS 2008, 41; Knof, ZInsO 2005, 1017, 1025.

4. Sonderproblem: Freigabe trotz kalter Zwangsverwaltung?

Ist über das Vermögen des Eigentümers einer Immobilie das Insolvenzverfahren eröffnet, kann der dinglich besicherte Gläubiger einerseits die klassische Zwangsverwaltung einleiten, andererseits mit dem Insolvenzverwalter eine Vereinbarung über die Verwaltung der Immobilie treffen (sog. kalte Zwangsverwaltung)[72]. Ist zwischen dem dinglich besicherten Gläubiger und dem Insolvenzverwalter eine solche Verwaltungsvereinbarung über die kalte Zwangsverwaltung getroffen, stellt sich die Frage, ob der Insolvenzverwalter trotz dieser vertraglichen Verpflichtung dazu berechtigt ist, das Grundvermögen freizugeben. Kommt der Insolvenzverwalter zu der Erkenntnis, dass durch die Fortführung der kalten Zwangsverwaltung kein wirtschaftlicher Mehrwert mehr für die Masse gewonnen werden kann, wird er sich maßgeblich mit dem Institut der Freigabe auseinandersetzen müssen. Der Insolvenzverwalter hat bei der kalten Zwangsverwaltung zu beachten, dass zwischen ihm und dem dinglich besicherten Gläubiger ein Treueverhältnis besteht. Dieses Treueverhältnis kann dazu führen, dass der Insolvenzverwalter die Freigabe nicht zur Unzeit erklären darf[73]. Aufgrund seiner Verpflichtung, gemäß § 60 InsO Absonderungsrechte des dinglich besicherten Gläubigers ordnungsgemäß abzuwickeln, kann im Einzelfall daher zumindest ein vorübergehender Ausschluss der Freigabe geboten sein[74]. Auch können dinglich besicherter Gläubiger und Insolvenzverwalter die Freigabe ausdrücklich ausgeschlossen haben[75]. Regelmäßig wird sich der Ausschluss der Freigabe konkludent aus der Vereinbarung ergeben. Mit der kalten Zwangsverwaltung will der dinglich besicherte Gläubiger die Verwaltung der Immobilie und die angemessene Aufteilung der anfallenden Erträge sicherstellen. Er verzichtet auf die ordentliche Zwangsverwaltung und hat folglich ein Interesse, dass die kalte Zwangsverwaltung bis zur Verwertung der Immobilie aufrechterhalten bleibt[76]. Gibt der Insolvenzverwalter dennoch frei, was ihm trotz gegenteiliger schuldrechtlicher Abrede möglich bleibt, macht er sich gegenüber dem dinglich gesicherten Gläubiger schadensersatzpflichtig. Eine entsprechende Schadensersatzpflicht ergibt sich aus § 280 BGB im Zusammenhang mit der Vereinbarung über die kalte Zwangsverwaltung.

Im Gegensatz dazu, könnte die schuldrechtliche Abrede soweit gehen, dass die Insolvenzmasse geschmälert wird. Gibt der Insolvenzverwalter folglich aufgrund

72 Vgl. Tetzlaff, ZInsO 2004, 521, 528; Eickmann, ZfIR 2007, 558.
73 Molitor, ZInsO 2009, 231, 232.
74 Anders wohl Molitor, ZInsO 2009, 231, 232, der den Ausschluss der Freigab gem. § 60 InsO wohl vollkommen ausschließt. Unscharf auch der Hinweis, dass auch kein subjektives, haftungsauslösendes Recht bestehe, der Insolvenzverwalter müsse Gegenstände aus der Masse freigeben.
75 Was wohl der Einzelfall sein dürfte.
76 Molitor, ZInsO 231, 233.

der Vereinbarung über den Ausschluss der Freigabe mit dem dinglich besicherten Gläubiger das Immobilienvermögen nicht frei, macht er sich ggf. gegenüber der Gläubigergemeinschaft gem. § 60 InsO schadensersatzpflichtig[77]. Als Vertrag zu Lasten Dritter wäre die Vereinbarung über den Ausschluss der Freigabe jedoch unwirksam, so dass der Insolvenzverwalter in diesem Fall ohne Gefahr einer Inanspruchnahme auf Schadensersatz freigeben könnte. Der dinglich besicherte Gläubiger kann im Falle der Freigabe zur Schonung der Masse keine Schadensersatzansprüche gegen den Insolvenzverwalter aus § 280 BGB herleiten.

In der Praxis ist dem Insolvenzverwalter dennoch zu empfehlen, mit dem dinglichen Gläubiger zu vereinbaren, dass dieser die Masse von den durch die kalte Zwangsverwaltung anfallenden Kosten freistellt[78]. Dem Gläubiger ist freilich zu empfehlen, das Eingehen einer solchen Verpflichtung gründlich zu überlegen. Durch diese zusätzliche Vereinbarung kann kein Nachteil für die Masse entstehen. Gleichfalls sollte der Insolvenzverwalter darauf achten, dass die Freigabe nach Ablauf einer bestimmten Frist gemäß der vertraglichen Vereinbarung zulässig ist[79]. Auf diese Weise verhindert er, dass der Abschluss des Insolvenzverfahrens mit der kalten Zwangsverwaltung dauerhaft hinausgezögert wird. Dies kann nämlich tatsächlich zu einem Dilemma für den Insolvenzverwalter werden, wenn er das Insolvenzverfahren aufgrund der kalten Zwangsverwaltung nicht abschließen kann, z. B. weil die Immobilie zumindest derzeit nicht verwertbar ist. Die Gläubiger aber haben einen Anspruch auf ordnungsgemäße und damit auch zeitnahe Abwicklung des Insolvenzverfahrens und Auskehrung der ihnen zustehenden Quote. Zumindest die Auszahlung der in der Masse vorhandenen Quote würde sich durch die dauerhafte Zwangsverwaltung verzögern[80].

5. Sonderproblem: Freigabe streitbefangener Massegegenstände

Gemäß § 85 Abs. 2 InsO steht es dem Insolvenzverwalter frei, die Aufnahme eines bei Verfahrenseröffnung anhängigen Aktivprozesses abzulehnen[81]. Für diesen Fall kann der Insolvenzschuldner den Rechtstreit aufnehmen. Aufgrund der Freigabe

77 Er ist dann allerdings nicht in einem „Dilemma“, wie es Molitor, ZInsO 2009, 231, 232 bezeichnet. Vielmehr ist die vertragliche Vereinbarung über den Ausschluss der Freigabe unwirksam.

78 Molitor ZInsO 2009, 231, 232.

79 Molitor ZInsO 2009, 231, 233.

80 Ein wohl eher nicht praktikabler Weg wäre ein Freikauf aus der laufenden kalten Zwangsverwaltung. Vereinbart der Insolvenzverwalter mit dem dinglich besicherten Gläubiger eine angemessene Entschädigung für den Gläubiger bei Freigabe in der laufenden kalten Zwangsverwaltung, kann diese Entschädigung die Masse durchaus schmälern. Für eine solche Schmälerung besteht letztlich aber kein Anlass. A.A. Molitor, ZInsO 2009, 231, 233.

81 BGH, Urteil vom 21. April 2005, IX ZR 281/03, DZWIR 2005, 387, 388.

besteht das in § 240 ZPO geregeltes Prozesshindernis nicht. Voraussetzung ist, dass die Freigabe als echte Freigabe erklärt wird und tatsächlich zum Erlöschen des Insolvenzbeschlages führt. Ein eventuell durch die Fortführung des Prozesses durch den Insolvenzschuldner erzieltes Vermögen fällt daher nicht mehr gemäß § 35 InsO in die Masse. Die Ablehnung der Aufnahme des Prozesses durch den Insolvenzverwalter ist danach notwendigerweise mit der Freigabe des streitgegenständlichen Massevermögens verbunden, denn der Schuldner erhält die gesetzliche Prozessführungsbefugnis zurück[82]. Könnte der Verwalter die Aufnahme des Prozesses nicht ablehnen, hängt die Rücknahme einer Klage von der Zustimmung des Gegners ab. Daneben bleibt nur der Antrag auf ein Verzichtsurteil. Damit würden grundsätzlich sämtliche Kosten des Rechtstreits eine Masseverbindlichkeit darstellen, was nicht gerechtfertig wäre[83]. Den schutzwürdigen Belangen aller Beteiligten ist durch die Norm in § 60 Abs. 1 InsO ausreichend Rechnung getragen. Gibt der Insolvenzverwalter in pflichtwidriger Weise frei, besteht gegen ihn ein Schadensersatzanspruch.

Freilich ist es für den Gegner eines derartigen Prozesses durchaus eine Belastung, wenn ein mittelloser Schuldner einen aus Sicht eines rechtskundigen Insolvenzverwalters sinnlosen Prozesses wieder aufnimmt und dadurch weitere Kosten verursacht, die der Schuldner im Ergebnis nicht tragen kann[84]. Von daher ist ihm zumindest insoweit entgegen zu kommen, dass bei bereits abgeschlossenen Instanzen die Kosten ggf. in Insolvenz- bzw. Masseverbindlichkeiten aufzuteilen sind[85].

6. Zwischenergebnisse

Die Möglichkeit der Freigabe wird in §§ 32 Abs. 3, 35 InsO als Insolvenzverwaltermaßnahme vorausgesetzt. Ihre grundsätzliche Zulässigkeit ist de lege lata nicht in Frage zu stellen. Lediglich § 35 Abs. 2 InsO gibt einen eindeutigen Hinweis auf den Zweck der Freigabe. Die zum 1. Juli 2007 in Kraft getretene Norm soll dem Schuldner eine selbständige Tätigkeit ermöglichen, ohne damit die Masse neuen Verbindlichkeiten auszusetzen. Der Schuldner darf nicht lediglich aufgrund eines Insolvenzverfahrens in seiner Handlungsfreiheit eingeschränkt werden. Nimmt er

82 So auch Henckel, FS Kreft, 2004, Seite 291, 303f. A.A. LG Chemnitz, Urteil vom 15. November 1995, 9 O 3353/94, ZIP 1995, 2007.
83 Münchkom/Hefermehl, § 55 InsO, Rdnr. 45 Fn. 86.
84 Vgl. hierzu Schmidt, KTS 1994, 309, 314f. Daher wohl kritisch, Kalter, KTS 1975, 1, 13f.
85 Die einheitliche Kostenentscheidung widerspricht nicht einer Haftungsrechtlichen Aufteilung zwischen § 38 und § 55 InsO. So Heinze, DZWIR 2005, 389; MünchKomm/Schumacher, § 85 InsO, Rdnr. 19 f.; Kübler/Prütting/Lüke, § 85 InsO, Rdnr. 59; OLG Rostock, Urteil vom 5. November 2001, 3 U 168/99, ZIP 2001, 2145; OLG München, Urteil vom 11. Oktober 1999, 11 W 2206/99, NZI 1999, 498.

dieses grundgesetzlich gesicherte Recht wahr, wird der Gläubigergemeinschaft die Möglichkeit gegeben, die Masse der sich aus einer solchen selbständigen Tätigkeit ergebenden finanziellen Haftungsgefahren zu entziehen. Von daher ist dem Insolvenzverwalter die Möglichkeit gegeben, einerseits dem Wunsch des Schuldners zu entsprechen, andererseits die von ihm verwaltete Masse von neu begründeten Verbindlichkeiten der neuen Unternehmung des Schuldners frei zu halten. Weitere Anhaltspunkte für den Zweck der Freigabe ergeben sich aus der Insolvenzordnung nicht. Insbesondere lassen sich aus § 32 Abs. 3 InsO weder Voraussetzungen noch Rechtsfolgen der Freigabe ablesen. Selbst die immer wieder zitierte „bestmögliche" Gläubigerbefriedigung lässt sich dem Gesetz im Zusammenhang mit der Freigabe nicht entnehmen. Die Befugnis des Insolvenzverwalters zur Freigabe folgt aus der ihm übertragenen Verwaltungs- und Verfügungsbefugnis gem. § 80 InsO i.V.m. §§ 32 Abs. 3, 35 Abs. 2 InsO.

Eine Freigabe kann auch bei vereinbarter Zwangsverwaltung erklärt werden, sofern die Voraussetzungen des § 35 Abs. 2 InsO vorliegen oder eine Gefährdung der Masse zu befürchten ist. Eine gegenteilige Vereinbarung wäre als Vertrag zu Lasten Dritter nichtig. Streitbefangene Massegegenstände können ebenfalls freigegeben werden. Diesbezüglich ist den schutzwürdigen Belangen der Beteiligten durch § 60 Abs. 1 InsO ausreichend genüge getan.

II. Die Arten der Freigabe

Da das Gesetz die Freigabe nicht regelt, nimmt es auch keine Unterscheidungen zwischen unterschiedlichen Freigabearten vor. Aus der Praxis heraus mussten bereits zu Zeiten der Konkursordnung verschiedene Vereinbarungen zwischen Verwalter und Schuldner rechtlich beurteilt werden, die sämtlich als „Freigabe" bezeichnet wurden[86]. Da mit den Vereinbarungen unterschiedliche Rechtsfolgen erzielt werden sollten, bildeten sich einzelne Freigabefallgruppen[87]. Man unterscheidet allgemein mindestens drei Arten der Freigabe: die echte Freigabe, die unechte Freigabe und die modifizierte Freigabe[88].

86 Vgl. Müller, Die echte Freigabe, S. 21.

87 Bereits RG, Urteil vom 1. März 1912, VII 423/11, RGZ 79, 27ff.; BGH, Urteil vom 29. Mai 1961, VII ZR 46/60 BGHZ, 35, 180ff., nach dem die modifizierte Freigabe eines Anspruches zur Vermeidung der Belastung der Masse mit Kosten sittenwidrig sei; vgl. auch BGH, Urteil vom 8. Januar 1962, VII ZR 65/61, BGHZ 36, 258ff.; BGH, Urteil vom 19. Dezember 1966, VIII ZR 110/64, BGHZ 46, 249ff.

88 Eine Freigabe ist dann nicht erforderlich, wenn der Insolvenzverwalter von vornherein auf eine Inbesitznahme verzichtet. Vgl. MünchKomm/Lwowski/Peters, § 35 InsO, Rn. 76ff. Zu den teilweise unterschiedlich verwendeten Begrifflichkeiten der Freigabearten Müller, Die echte Freigabe, S. 23.

1. Die echte Freigabe

Bei der echten Freigabe wird das freizugebende Vermögen aus dem Insolvenzbeschlag auf Dauer gelöst und der Schuldner erlangt die Verwaltungs- und Verfügungsbefugnis zurück[89]. Sie hat folglich konstitutive Wirkung[90]. Der Vermögensgegenstand wird aus dem Haftungsverband der Insolvenzmasse entlassen. Folglich wird lediglich die haftungsrechtliche Zuweisung des Schuldnervermögens wieder hergestellt. Ein Rechtsnachfolgetatbestand ist mit der echten Freigabe damit nicht erfüllt[91]. Durch die Freigabe wird der Vermögensgegenstand lediglich insolvenzfreies Vermögen, so dass ein etwaiger Verwertungserlös nicht mehr zur Masse fliest. Vielmehr wird auch ein etwaiger Verwertungserlös zu insolvenzfreiem Vermögen des Schuldners.

2. Die unechte Freigabe

Die sog. unechte Freigabe zeichnet sich dadurch aus, dass der Verwalter einen massefremden Gegenstand dem Aussonderungsberechtigten gemäß § 47 InsO herausgibt[92]. Ein Massegegenstand wird gerade nicht freigegeben. Mit der Freigabe erkennt der Verwalter lediglich eine bereits bestehende Rechtslage an[93], denn der Vermögensgegenstand gehörte von vorne herein nicht zur Insolvenzmasse. Es kann sich neben der Herausgabe fremder Vermögensgegenstände auch um Gegenstände handeln, die gemäß § 811 Abs. 1 ZPO nicht der Pfändung unterliegen und damit bereits nicht vom Insolvenzbeschlag erfasst waren. In diesem Fall hat eine Freigabeerklärung lediglich deklaratorische Bedeutung. Für Immobilienvermögen spielt die unechte Freigabe – wenn überhaupt – eine untergeordnete Rolle.

89 BGH, Urteil vom 29. Mai 1961, VII ZR 46/60, BGHZ, 35, 180, 181; Uhlenbruck/Hirte, § 35 InsO, Rn. 30; vgl. auch MünchKomm/Lwowski/Peters, § 35 InsO, Rn. 85 jeweils m.w.N.

90 MünchKomm/Lwowski/Peters, § 35 Inso, Rn. 100.

91 Zur Rechtsnachfolge im Sinne des § 4 Abs. 3 S. 1 BBodSchG, vgl. Schwartmann, NZI 2001, 69, 73; Schatte FS Metzeler 2003, S. 59, 67ff.; Franz, NZI 2000, 10, 12.

92 Hierzu statt vieler Müller, ZInsO 2008, 79, 82 m.w.N. in Fn. 40.

93 MünchKomm/Lwowski/Peters, § 35 InsO, Rn. 86; Uhlenbruck/Hirte, § 35 InsO, Rn. 29. Die unechte Freigabeerklärung hat daher nur deklaratorische Bedeutung. Ebenso verhält es sich bei Freigabe von Sicherungsgut an den absonderungsberechtigten Gläubiger. Dies ist in § 170 Abs. 2 InsO näher geregelt.

3. Die modifizierte Freigabe

Bei der modifizierten Freigabe ermächtigt der Insolvenzverwalter den Schuldner, ein zur Insolvenzmasse gehörendes Recht im eigenen Namen gerichtlich geltend zu machen[94]. So soll der Insolvenzmasse ermöglicht werden, ohne Prozesskostenrisiko eine Anreicherung zu erhalten. Daneben ist es denkbar, dass der Insolvenzverwalter die Verwertung eines mit einem Absonderungsrecht belasteten Vermögensgegenstand dem absonderungsberechtigten Gläubiger überlässt (vgl. § 170 Abs. 2 InsO)[95], wenn der Absonderungsberechtigte beispielsweise aufgrund von Branchenkenntnissen oder speziellen Kontakten über bessere Verwertungsmöglichkeiten verfügt.

III. Die Voraussetzungen der Freigabe

Im Folgenden werden die Voraussetzungen und Rechtsfolgen der echten Freigabe untersucht. Nur bei der echten Freigabe können Spannungen zwischen Gläubiger- und Schuldnerinteresse entstehen.

1. Formale Voraussetzungen

Nach ständiger Rechtsprechung erfolgt die Freigabe durch eine an den Schuldner zu richtende, einseitige, empfangsbedürftige Willenserklärung des Insolvenzverwalters oder Treuhänders[96]. Eine öffentliche Bekanntmachung der Freigabe dient nur der Rechtssicherheit. Die Freigabe muss den Willen dauernden Verzichts auf die Massezugehörigkeit bekunden[97]. Inhaltlich muss sie sich auf bestimmte Vermögensgegenstände beziehen. Der Verzicht auf die Massezugehörigkeit sollte un-

94 Uhlenbruck/Hirte, § 35 InsO, Rn. 30. Ein derartiges Vorgehen wird teilweise für unzulässig erachtet (§ 138 BGB). Vgl. BGH, Urteil vom 29. Mai 1961, VII ZR 46/60, BGHZ, 35, 180ff; MünchKomm/Lwowski/Tetzlaff, § 165 InsO, Rn. 209ff.; MünchKomm/Lwowski/Peters, § 35 InsO, Rn. 92ff. Auch das österreichische Recht hält die modifizierte oder die erkaufte Freigabe für sittenwidrig. Vgl. Kindler/Nachmann/Duursma-Kepplinger, Insolvenzrecht Europa, A., Rn. 143.

95 Vgl. Müller, ZInsO 2008, 79, 82.

96 Vgl. nur BGH, Urteil vom 5. Oktober 1994, XII ZR 53/93, BGHZ 127, 156, 163; BGH, Urteil vom 1. Februar 2007, IX ZR 178/05, ZInsO 2007, 545, 546; MünchKomm/Lwowski/Peters, § 35 InsO, Rn. 100; Lüke, FS Wenzel, 2005, S. 235 und 237 jeweils m.w.N.

97 BGH, Urteil vom 7. Dezember 2006, IX ZR 161/04, WM 2007, 406, 408.

zweifelhaft zum Ausdruck kommen[98]. Die Freigabeerklärung sollte darauf hinweisen, dass nunmehr dem Schuldner das alleinige Verwaltungs- und Verfügungsrecht zusteht[99]. Soweit sich die Freigabe auf eine Immobilie bezieht und zuvor im Grundbuch ein Insolvenzvermerk eingetragen wurde, hat die Freigabe in der Form des § 29 GBO zu ergehen[100]; darauf wird weiter unten näher eingegangen[101].

Mit dem Zugang der Freigabeerklärung beim Schuldner endet die Rechtsbeziehung nebst den sich daraus ergebenden Verbindlichkeiten zur Masse[102]. Zeitliche Vorgaben für eine Freigabe ergeben sich nicht. Sowohl die Freigabe nach § 35 Abs. 2 InsO als auch die Freigabe einzelner Vermögensgegenstände kann zu jedem Zeitpunkt des Verfahrens erklärt werden. Im Zusammenhang mit der Freigabe einer selbständigen Tätigkeit sollte der Insolvenzverwalter bereits aus haftungsrechtlichen Gründen möglichst unverzüglich eine Erklärung über die Zugehörigkeit zur Masse abgeben[103].

2. Die Beteiligung des Schuldners

Die Wirkungen einer Freigabeerklärung des Treuhänders oder des Insolvenzverwalters treten mit deren Zugang bei dem Insolvenzschuldner ein[104]. Allgemein wird die Beteiligung des Schuldners nicht diskutiert[105]. Literatur und Rechtsprechung gehen derzeit offensichtlich davon aus, dass eine Beteiligung des Schuldners bei der Freigabe über die bloße Inkenntnissetzung nicht erforderlich ist[106]. Insbesondere müsse der Schuldner kein Einverständnis für die Freigabe erteilen[107]. Man geht folglich davon aus, dass weder eine Zustimmungserklärung noch eine Genehmigung durch den Schuldner bei der Freigabeerklärung erforderlich ist. Es wird

98 RG, Urteil vom 3. Februar 1905, VII 497/04, RGZ 60, 107, 108. Fehlt dieser Verzicht würde ein Schwebezustand eintreten, der dazu führen würde, dass Ungewissheit über die Verfügungs- und Prozessführungsberechtigung über den freigegebenen Vermögensgegenstand besteht. MünchKomm/Lwowski/Peters, § 35 InsO, Rn. 100. Anschaulich zur Auslegung einer nicht eindeutigen „Freigabeerklärung", Müller, ZInsO 2008, 79, 82.

99 Vgl. Höpfner, ZIP 2000, 1517, 1518.

100 Brandenburgisches OLG, Beschluss vom 18. Januar 2012, 5 Wx 114/11 m.w.N., NJW-Spezial 2012, 323.

101 Siehe Kapitel B. IV. 2.

102 Haarmeyer, ZInsO 2007, 696, 697.

103 Mit ausdrücklichem Hinweis auf § 60 InsO, BT-Drucks. 16/4194, S. 31.

104 Frege/Keller/Riedel, Insolvenzrecht, Teil 3, Rn. 1338a; BGH, Urteil vom 1. Februar 2007, IX ZR 178/05, NJW-RR 2007, 1205.

105 Bei Haarmeyer/Wutzke/Förster, Handbuch, § 14, Rn. 9 findet sich gar der Hinweis, dass bei Freigabe „Interessen des Schuldners (...) nicht berührt sind".

106 Ausdrücklich Kübler/Prütting/Lüke, § 80 InsO, Rn. 60. Vgl. auch Emmert, jurisPR-MietR 11/2010, Anm. 6.

107 MünchKomm/Eckert, § 108 InsO, Rn. 56.

sogar angenommen, die Freigabe orientiere sich ausschließlich an den Grenzen des § 60[108].

Lediglich im Rahmen des § 35 Abs. 2 InsO kommt eine Freigabe ohne die Einwilligung des Schuldners nicht in Betracht, auch wenn „dies gegenüber der herkömmlichen Freigabe ein Novum“ darstellt[109].

3. Die Beteiligung der Gläubigerorgane

Eine ausdrückliche Beteiligungspflicht der Gläubigerorgane kennt das Gesetz nicht. Dennoch bestehen ggf. Genehmigungspflichten, die der Insolvenzverwalter vor der Freigabe beachten muss.

a) Beschlussfassung und Genehmigungspflicht

§ 197 Abs. 1 Nr. 3 InsO sieht eine Beschlussfassung der Gläubigerversammlung über nicht verwertbare Vermögensgegenstände der Insolvenzmasse vor. Allgemein wird aus dieser Bestimmung jedoch nicht entnommen, dass erst im Schlusstermin eine Entscheidung über die nicht verwertbaren Gegenstände getroffen werden kann[110]. Vielmehr hat der Insolvenzverwalter ab Beginn seiner Bestellung nach pflichtgemäßem Ermessen und unbeschadet seiner persönlichen Haftung (§ 60 InsO) über die Verwertung einzelner Vermögensgegenstände zu entscheiden. Damit hat der Verwalter auch schon während des Verfahrens die Möglichkeit, Gegenstände freizugeben[111].

Regelmäßig ist die Freigabe an die Genehmigungspflicht nach § 160 Abs. 1 InsO gebunden[112], wenn sie für das Insolvenzverfahren von besonderer Bedeutung ist. Bei Immobilienvermögen wird man regelmäßig davon ausgehen müssen, dass die Freigabe besondere Bedeutung für die Insolvenzmasse hat[113]. Bei der Freigabe

108 So wohl Höpfner, ZIP 2000, 1517, 1518, der ausschließlich danach urteilt, ob die freizugebenden Vermögensgegenstände verwertbar sind oder durch deren Belastung ein Reinertrag für die Masse nicht zu erwarten ist. Zustimmend Hintzen/Alff, ZInsO 2008, 480, 485.

109 Vgl. Heinze, ZVI 2007, 349, 351, der dem Schuldner sogar das Recht einräumt, hinsichtlich einzelner Betriebsteile zu optieren.

110 MünchKomm/Lwowski/Peters, § 35 InsO, Rn. 102.

111 MünchKomm/Lwowski/Peters, § 35 InsO, Rn. 102.

112 Als „Vorziehen des Beschlusses nach § 197 Abs. 1 Nr. 3 InsO“, vgl. Kübler/Prütting/Onusseit, § 160 InsO, Rn. 20.

113 Vgl. Vallender, NZI 2004, 401, 405; MünchKomm/Görg, § 160 InsO. Die Einholung einer Genehmigung empfiehlt sich für Insolvenzverwalter jedenfalls immer, um persönliche Haftungsrisiken auszuschließen.

nach § 35 Abs. 2 InsO entfällt die Genehmigungspflicht wegen des Antragsrechts nach § 35 Abs. 2 Satz 3 InsO[114].

b) Allgemeine Informationspflichten

Ist die Immobilie aufgrund dinglicher Belastungen für die Masse vollkommen wertlos, kann die Bedeutung für die Gläubigergemeinschaft gegen Null sinken, so dass eine Genehmigungspflicht gemäß § 160 Abs. 1 InsO gerade nicht gegeben ist. In diesem Fall hat der Insolvenzverwalter die Pflicht, zumindest die grundpfandrechtlich gesicherten Gläubiger zu informieren[115]. Damit dem grundpfandrechtlich gesicherten Gläubiger der Nachweis der Freigabe zwecks Umschreibung der Vollstreckungsklausel auf den Insolvenzschuldner gelingen kann[116], muss ihm ein Anspruch auf diesen Nachweis an die Hand gegeben werden. Insofern ist der Insolvenzverwalter verpflichtet, neben dem Schuldner sämtliche grundpfandrechtlich gesicherten Gläubiger unverzüglich und damit ohne schuldhaftes Zögern gem. § 121 Abs. 1 BGB über die Freigabe zu informieren. Diese Erklärung des Insolvenzverwalters gegenüber den Gläubigern besteht als Nebenpflicht zur Freigabekompetenz. In Fortführung des Gedankens des § 32 Abs. 3 InsO resultiert aus der Kompetenz des Verwalters eine Pflicht, die Freigabeerklärung eines Grundstücks in öffentlich beglaubigter Form abzugeben und an die Gläubiger nach Aufforderung zuzustellen[117].

4. Die Beteiligung des Insolvenzgerichts

Insbesondere § 32 Abs. 3 Satz 1 InsO verweist auf eine Beteiligung des Insolvenzgerichts. Wird vom Insolvenzverwalter ein Grundstück freigegeben, hat das Insolvenzgericht auf Antrag das Grundbuchamt um Löschung der Eintragung zu ersu-

114 Kübler/Prütting/Onusszeit, § 160 InsO, Rn. 20.
115 So wohl auch Kesseler, ZInsO 2005, 418.
116 Ausführlich Kesseler, ZInsO 2005, 418, 419f.
117 Kesseler, ZInsO 2005, 418, 421. Die Löschung des Insolvenzvermerks im Grundbuch jedenfalls hat keine konstitutive Wirkung, sondern dient allein dazu, die Möglichkeit gutgläubigen Erwerbs zu verhindern.

chen[118]. Man könnte folglich meinen, bei der Freigabe eines Grundstücks müsse das Insolvenzgericht zwingend einbezogen werden, damit die Löschung im Grundbuch veranlasst werden kann[119]. Die Löschung kann aber auch gemäß § 32 Abs. 3 Satz 2 InsO vom Verwalter selbst veranlasst werden, wenn eine Freigabe bereits erfolgt ist. Somit folgt der Antrag beim Grundbuchamt zwingend der Freigabe nach, wonach die Einbeziehung des Insolvenzgerichts gemäß § 32 Abs. 2 Satz 1 InsO nicht Wirksamkeitsvoraussetzung für die Freigabe sein kann[120]. Eine über § 32 Abs. 2 Satz 1 InsO hinausgehende Beteiligung des Insolvenzgerichts ist mangels gegenteiliger gesetzlicher Regelung nicht erforderlich. Selbst ein ausdrückliches Verbot des Insolvenzgerichts (§§ 161, 163 InsO) wäre ohne rechtliche Bedeutung[121]. Damit geht die deutsche Insolvenzrechtspraxis im Verhältnis zu anderen europäischen Ländern großzügig mit der Freigabe um. In Österreich bspw. ist für die Freigabe der Gläubigerausschuss zuständig, der nur mit Genehmigung des Insolvenzgerichts entsprechende Erklärungen abgeben kann[122]. In Italien benötigt der Insolvenzverwalter eine ausdrückliche Ermächtigung durch das Insolvenzgericht. Der Gläubigerausschuss ist vorher zu hören[123].

5. Sonstige Adressaten der Freigabeerklärung

Mangels gesetzlicher Vorschriften ergeben sich keine weiteren zwingend zu benachrichtigenden Dritten. Allerdings sollten in jedem Fall die dem Insolvenzverwalter bekannten Vertragspartner, Mieter und andere anfragende potentielle Neu-

118 Hierdurch soll der gutgläubige Erwerb gemäß § 81 Abs. 1 Satz 2 InsO zu Lasten der Masse verhindert werden, vgl. §§ 24, Abs. 1, 81 Abs. 1, 91 Abs. 2 InsO. Wird die Eintragung unterlassen und das Wohnungseigentum tatsächlich veräußert, haftet das Insolvenzgericht gemäß Art. 34 GG, § 839 BGB und der Insolvenzverwalter gemäß §§ 21 Abs. 2, 60 InsO soweit durch die Veräußerung die Insolvenzmasse geschmälert wird. Vgl. hierzu auch LG Zweibrücken, Beschluss vom 4. Mai 2000, 4 T 61/00, NZI 2000, 327: Der Insolvenzverwalter ist im Hinblick auf § 60 Abs. 1 Satz 1 InsO verpflichtet, die Eintragung eines Insolvenzvermerks nach § 32 Abs. 2 Satz 2 InsO zu beantragen, sobald er Anlass hat zu zweifeln, dass das Insolvenzgericht um die Eintragung ersucht hat. Er hat von sich aus zu ermitteln, ob und welche Grundstücke dem Schuldner zustehen und die Eintragung des Vermerks gemäß § 13 GBO zu erwirken.

119 So VG Magdeburg, Beschluss vom 6. April 2009, 9 B 56/09 (nicht veröffentlich).

120 So auch OVG Magdeburg, Beschluss vom 5. November 2009, 4 M 94/09, NVwZ-RR 2010, 163.

121 MünchKomm/Schmal, §§ 32, 33 InsO, Rn. 78.

122 Die Wirkung der Freigabe entspricht einer Teilaufhebung des Konkurses. Mit der Ausscheidung wird die fragliche Sache konkursfrei und fällt ex nunc in die unbeschränkte Verfügungsmacht des Schuldners zurück. Einer Zustimmung des Schuldners bedarf es offensichtlich nicht. Vgl. Kindler/Nachmann/Duursma-Kepplinger, Insolvenzrecht Europa, A., Rn. 143 m.w.N.

123 Kindler/Nachmann/Kindler/Conov, Insolvenzrecht Europa, I., Rn. 83. Italien kennt allerdings keine Regelungen über eine Restschuldbefreiung, so dass die hier behandelten Probleme in Italien nicht auftreten. Vgl. Schönen, ZVI 2009, 229, 240.

gläubiger informiert werden[124]. Ob den Verwalter darüber hinaus auch eine Informationspflicht über die Rechtsfolgen trifft, ist fraglich[125]. Eine solche Rechtsberatungspflicht gegenüber beliebigen Dritten ist jedoch abzulehnen. Der Insolvenzverwalter hat ein von der Insolvenzordnung klar umrissenes Aufgabenfeld. Dieses ist nicht beliebig erweiterbar. Schon gar nicht lässt sich den gesetzlichen Regelungen entnehmen, dass den Insolvenzverwalter gegenüber Dritten Informationspflichten treffen, die nicht zwingend am Insolvenzverfahren teilnehmen[126]. Eine derartig weit reichende Verpflichtung ist daher abzulehnen.

6. Zwischenergebnisse

Für die Freigabe von Immobilienvermögen bei der Insolvenz natürlicher Personen spielt nur die echte Freigabe eine maßgebliche Rolle. Sie erfolgt durch eine an den Schuldner zu richtende, einseitige, empfangsbedürftige Willenserklärung des Insolvenzverwalters. Sie wird mit Zugang wirksam. Der Schuldner ist nach geltendem Recht nur im Rahmen der Freigabe nach § 35 Abs. 2 InsO zu beteiligen. Unter Umständen unterliegt die Freigabe einer Immobilie der Genehmigungspflicht durch die Gläubigerversammlung nach § 160 Abs. 1 InsO. Dieser Fall wird in der Praxis nicht vorkommen, da der Insolvenzverwalter nur dann die Freigabe erklären wird, wenn das Grundstück für die Masse keinen Gewinn darstellt. Eine über § 32 Abs. 2 Satz 1 InsO hinausgehende Beteiligung des Insolvenzgerichts ist mangels gegenteiliger gesetzlicher Regelung nicht erforderlich. Sonstige Dritte sind ebenfalls nicht zwingend zu informieren. Schon gar nicht muss der Insolvenzverwalter Dritte über die Rechtsfolgen der Freigabe aufklären.

IV. Die Wirkungen der Freigabe

Der Insolvenzverwalter wird Grundvermögen nur dann freigeben, wenn entweder grundpfandrechtliche Belastungen über dem wahrscheinlichen Erlös einer freihändigen Veräußerung vorhanden sind oder aber von dem Grundvermögen (Umwelt-) Gefahren ausgehen, welche die Masse schmälern werden. Grundpfandrechte oder von einem Grundstück ausgehenden Umweltgefahren sowie sonstigen Ver-

124 Jedenfalls lassen sich dann Rechtstreitigkeiten vermeiden. Vgl. bspw. LG München, Urteil vom 11. Mai 2010, 11 S 23 373/09, NZI 2010, 821ff.

125 So Haarmeyer, ZInsO 2007, 696, 698 jedoch ohne nähere Begründung.

126 Beachte aber LG München, Urteil vom 11. Mai 2010, 11 S 23 373/09, NZI 2010, 821, 823, welches von einer Verpflichtung „sorgfältiger Führung der Geschäfte aufgrund § 60 Abs. 1 InsO gegenüber jedermann“ spricht, ggf. aber „jedermann“ im Sinne von „jedem Beteiligten des Insolvenzverfahrens“ meint.

bindlichkeiten im Zusammenhang mit einer Immobilie lösen sich durch die Freigabe nicht auf. Vielmehr fällt das belastete Grundvermögen in das schuldnerische Vermögen zurück, so dass der Schuldner bei nicht rein objektbezogen Grundpfandrechten ggf. wieder persönlich mit seinem insolvenzfreien Vermögen in Anspruch genommen werden könnte[127].

1. Allgemeine Wirkungen der Freigabe

Die Freigabe führt zur Herauslösung des freigegebenen Vermögensgegenstandes aus der Insolvenzmasse. Das freigegebene Vermögen wird damit nicht etwa herrenlos, sondern geht in das massefreie Vermögen des Insolvenzschuldners ein. Der freigegebene Gegenstand wird damit zum insolvenzfreien Vermögen[128]. Der Insolvenzschuldner erwirbt jedoch nicht den freigegebenen Vermögensgegenstand im sachenrechtlichen Sinne, sondern erhält lediglich die Verwaltungs- und Verfügungsbefugnis zurück[129]. Zwingend gilt dies auch in prozessrechtlicher Hinsicht, so dass die Passivlegitimation in diesem Fall wieder beim Schuldner liegt[130]. Der Insolvenzverwalter ist durch die Wirkungen des § 80 InsO nicht zum materiell Berechtigten oder Verpflichteten geworden. Ihm ist vielmehr für die Dauer des Insolvenzverfahrens bzw. des Insolvenzbeschlages die Ausübungskompetenz zugewiesen[131]. Diese Ausübungskompetenz entfällt durch die Freigabe und wird dem Schuldner spiegelbildlich zurückgegeben. Der Begriff „Freigabe" ist daher eigentlich nicht sehr treffend, wenn auch eine andere Begrifflichkeit schwierig zu finden sein dürfte[132]. Am treffendsten formuliert man die Wirkungen der Freigabe mit Hilfe des Gesetzestextes in § 80 Abs. 1 InsO:

127 Ist das Grundvermögen lediglich dinglich über dem wahrscheinlichen Veräußerungswert belastet, braucht der Schuldner keine persönliche Inanspruchnahme zu fürchten. Es ist dann ausschließlich Aufgabe des oder der Grundpfandgläubiger, das Grundvermögen zu verwerten, um entsprechend ihrer Rangfolge aus dem Veräußerungserlös befriedigt zu werden. Die mit Grundpfandrechten gesicherten Forderungen fallen nebst Zinsen unter §§ 38, 39 InsO.

128 BGH, Urteil vom 7. Dezember 2006, IX ZR 161/04, WM 2007, 406, 408; Uhlenbruck/Hirte, § 35 InsO, Rn. 26; Kalter, KTS 1975, 1, 9; MünchKomm/Lwowski/Peters, § 35 InsO, Rn. 103.

129 Der Schuldner blieb auch bei Eintreten der Wirkungen des § 80 InsO Eigentümer und ist es nach Freigabe immer noch. Lediglich die Befugnis, über den Gegenstand zu verfügen, hatte gewechselt. Hierzu auch Müller, Die echte Freigabe, S. 24 m.w.N. „Die Verwaltungs- und Verfügungsbefugnis des Schuldners lebt wieder auf", vgl. KG, Beschluss vom 30. September 2005, 7 W 61/05, ZInsO 2005, 1217.

130 LAG Niedersachsen, Urteil vom 14. Dezember 2011, 2 Sa 97/11.

131 Ries, ZInsO 2009, 2030, 2032. Insolvenzverwalter und Treuhänder sind Rechtsnachfolger des Schuldners im Sinne des § 727 Abs. 1 ZPO, vgl. MünchKomm/Wolfsteiner, § 727 ZPO, Rn. 30 m.w.N. Für den Treuhänder gilt dies gemäß § 292 InsO, der auf § 80 InsO verweist.

132 Der Begriff „Rückgabe" beispielsweise impliziert ggf. noch mehr den Hintergrund einer nicht vorhandenen Verfügung.

„Durch die Freigabe geht das Recht des Insolvenzverwalters, das zur Insolvenzmasse gehörende Vermögen zu verwalten und über es zu verfügen, auf den Insolvenzschuldner über".

Die Freigabe eines Massegegenstandes beendet folglich lediglich für einen vom Insolvenzbeschlag erfassten Vermögensgegenstand die Verwaltungs- und Verfügungsbefugnis des Insolvenzverwalters[133]. Die Verfügungsbeschränkungen des Schuldners entfallen automatisch[134]. Damit entfällt etwa auch ein auf Immobiliarabsonderung bestehendes Recht, so dass wieder die allgemeinen Vorschriften über die Zwangsvollstreckung in Grundstücke Anwendung finden[135].

Die Wirkungen der Freigabe treten ex nunc ein[136]. Kann aus der Verwertung des freigegebenen Vermögensgegenstandes ein Erlös erzielt werden, fließt dieser Erlös in das insolvenzfreie Vermögen des Schuldners und kann nicht mehr zur Masse gezogen werden[137]. Hierzu gehören auch spätere Geldzahlungen auf den freigegebenen Vermögensgegenstand, namentlich schuldrechtliche Ansprüche als unmittelbare Surrogate des freigegebenen Gegenstandes[138]. Dies gilt schließlich ebenso für im Prozesswege erlangtes Vermögen[139].

2. Die Freigabe von Grundvermögen

Mit der Freigabe eines Grundstücks aus der Insolvenzmasse wird der Insolvenzvermerk gemäß § 32 Abs. 3 Satz 1 InsO aus dem Grundbuch gelöscht. Das Grundbuchamt löscht den Insolvenzvermerk dabei nicht bereits auf einfachen Antrag des Insolvenzverwalters oder des Insolvenzgerichts[140]. Vielmehr bedarf die Freigabeerklärung in diesem Fall der Form des § 29 GBO, um den Wegfall der Verfügungsbefugnis des Insolvenzverwalters und deren Rückführung auf den Schuldner in der grundbuchrechtlich erforderlichen Form nachzuweisen.[141]

Insbesondere im Bereich der Auswirkungen einer Freigabe auf das bestehende Mietverhältnis fällt auf, dass in der Fülle der ergangenen Rechtsprechung sowie

133 Mitlehner, ZIP 2000, 977, 978.
134 „Aufhebung der vollstreckungsrechtlichen Beschlagnahme", Mork/Heß, ZinsO 2005, 1206, 1207. Auch Ries, ZInsO 2009, 2030, 2033; ebenso Kesseler, ZInsO 2005, 418, 419.
135 Uhlenbruck/Brinkmann, § 49 InsO, Rn. 9a; Avoine, NZI 2008, 17, 18; Pape, ZInsO 2008, 465, 470.
136 Kalter, KTS 1975, 1, 10.
137 MünchKomm/Lwowski/Peters, § 35 InsO, Rn. 103 m.w.N., so auch OLG Koblenz, Urteil vom 20. Mai 2011, 10 U 176/10, juris (bei einer deklaratorischen Freigabeerklärung).
138 Vgl. Heinze, DZWIR 2005, 389. Zu den weiteren Besonderheiten siehe unten.
139 BGH, Urteil vom 21. April 2005, IX ZR 281/03, DZWIR 2005, 387, 388.
140 So aber Kesseler, ZInsO 2005, 418, 420.
141 Brandenburgisches OLG, Beschluss vom 18. Januar 2012, 5 Wx 114/11 m.w.N., NJW-Spezial 2012, 323. Ebenso OLG Stuttgart, Beschluss vom 30. August 2011, 8 W 310/11, BeckRS 2011, 22839. Diese Entscheidung ist derzeit beim BGH anhängig, V ZB 219/11.

der vorhandenen Literatur nicht immer zwischen Mieter- und Vermieterinsolvenz unterschieden wird. Dies ist m.E. jedoch unbedingt erforderlich, da die Insolvenzordnung für beide Fälle unterschiedliche Wertungen vorsieht. Nachfolgend wird ausschließlich die Vermieterinsolvenz betrachtet.

a) Auswirkungen auf bestehende Mietverhältnisse[142]

Die Insolvenz des Vermieters wirkt sich gemäß § 108 Abs. 1 InsO nicht auf den Bestand eines Mietverhältnisses aus. Durch den Insolvenzbeschlag werden unbestritten die Parteien eines Vertragsverhältnisses nicht ausgewechselt. Der Mieter hat weiterhin einen Anspruch auf Gebrauchsüberlassung, den er aufgrund §§ 80 Abs. 1, 108 Abs. 1 InsO nach Insolvenzeröffnung gegen den Insolvenzverwalter geltend machen muss. Als Gegenleistung für die Überlassung des Wohnraums hat der Mieter alle etwaigen rückständigen und die während des Insolvenzverfahrens entstehenden Mieten inkl. der Nebenkostenanteile und Vorauszahlungen an die Masse zu leisten[143]. Weder auf der einen noch auf der anderen Seite bestehen Sonderkündigungsrechte[144]. Vielmehr ist die Masse an den bestehenden Mietvertrag gebunden[145]. Auch durch die Freigabe der Immobilie treten derartige Wirkungen nicht ein[146]. Der Bestand des Mietverhältnisses kann durch die Freigabe einer Immobilie nicht betroffen sein. Die Regelungen in §§ 103ff. InsO weisen gerade darauf hin, dass Vertragsverhältnisse zwischen den alten Parteien trotz Insolvenzeröffnung fortbestehen. Lediglich ihre Wirkungen für und gegen die Masse sind gesondert geregelt. Gibt der Insolvenzverwalter eine Immobilie aus der Insolvenzmasse frei, kann er denknotwendigerweise die einen Vermieter treffenden vertraglichen Pflichten nicht mehr erfüllen. Er ist beispielsweise nicht mehr in der Lage, den Gebrauchsüberlassungsanspruch des Mieters zu erfüllen, auch wenn er ggf. auf den Insolvenzschuldner einwirken könnte[147]. Damit stellt sich die Frage, ob der Mieter seine Ansprüche aus dem Mietverhältnis gegen den Insolvenzverwalter oder den Insolvenzschuldner geltend machen muss, weil mit der Freigabe auch die

142 Die im Folgenden getroffenen Feststellungen zu den Auswirkungen der Freigabe auf bestehende Mietverhältnisse gelten gleichermaßen für die Freigabe von vermietetem Wohnungseigentum. Zu den wohnungseigentumsrechtlichen Besonderheiten siehe unten.

143 Vallender, NZI 2004, 401, 404.

144 Lindner-Figura/Oprée/Stellmann/Hörndler, Gewerberaummietrecht, Kap. 20, Rn. 74.

145 Vgl. BGH, Urteil vom 2. Februar 2006, IX ZR 46/05, ZInsO 2006, 326, 327.

146 Unumstritten verliert der Schuldner durch Verfahrenseröffnung weder seine Partei- noch seine Rechtsfähigkeit, Mork/Heß, ZInsO 2005, 1206, 1207. Ausführlich zu den Auswirkungen der Freigabeerklärung im Prozess, Müller, Die echte Freigabe, S. 114ff. Zu den Theorien über die Rechtsstellung des Insolvenzverwalters statt aller, MünchKomm/Ott, § 80 InsO, Rn. 20ff. m.w.N.

147 Zumal ihm für ein Einwirken keine rechtlichen Mittel zustehen.

mietvertraglichen Rechte und Pflichten auf den Insolvenzverwalter übergegangen sind.

(1) Hier sog. „Einverständnistheorie“

Nach der hier sog. „Einverständnistheorie“ sollen bei der Freigabe einer Immobilie, die mit ihr zusammenhängenden Verträge nicht mitumfasst sein. Dies betrifft namentlich Miet- und Energieversorgungsverträge[148]. Auch wenn der Insolvenzverwalter für die Masse wertlose Vermögensgegenstände freigeben kann, sei eine Freigabe von gegenseitig verpflichtenden Vertragsverhältnissen nicht möglich. Eine einseitige Befreiung von Masseverbindlichkeiten durch Freigabe eines gegenseitigen Vertrages sei nicht zulässig[149]. Ließe man eine solche Freigabe zu, könnte sich der Insolvenzverwalter einseitig von Masseverbindlichkeiten befreien, was mit den Grundsätzen des Vertragsrechts nicht vereinbar sei. Die Freigabe eines Mietverhältnisses in der Insolvenz des Vermieters sei folglich zwingend an das Einverständnis des Mieters gebunden[150]. Dies folge daraus, dass nicht einerseits der Mietgegenstand in die Verfügungsbefugnis des Insolvenzschuldners übergeben, andererseits der Mietvertrag mit dem Insolvenzverwalter fortgeführt werden kann. Dies würde dazu führen, dass der Mieter gegenüber dem Insolvenzschuldner kein Recht zum Besitz geltend machen könne, so dass er auf Verlangen des Insolvenzschuldners den Mietgegenstand räumen müsste, obwohl er keinen Mietzins schuldig geblieben ist[151]. Die Möglichkeit einer Freigabe durch den Insolvenzverwalter nach freiem Ermessen würde die eindeutige Regelung in § 108 InsO und den Gleichbehandlungsgrundsatz durch Ausschluss einzelner Gläubiger unterlaufen[152]. Die Freigabe sei daher nur einvernehmlich oder durch Genehmigung der Vertragspartner denkbar.

Nach dieser Ansicht gehen die mietvertraglichen Rechte und Pflichten bei Freigabe einer vermieteten Immobilie nur auf den Insolvenzschuldner über, wenn zwischen Mieter und Verwalter Einigkeit über die ex nunc eintretende mietvertragliche

148 LG Dortmund, Urteil vom 12. Mai 2005, 11 S 34/05, ZInsO 2005, 724; Derleder, NZM 2004, 568, 576. Sog. „dreiseitiges Einvernehmen“, vgl. Pape, NZM 2004, 401, 410; im Ergebnis auch Marotzke, ZInsO 2007, 1, 8.

149 Kübler/Prütting/Holzer, § 35 InsO, Rn. 23; Uhlenbruck/Wegener, § 108 InsO, Rn. 19.

150 Ebenso wohl Derleder, NZM 2004, 568, 576. Zustimmend für den umgekehrten Fall der Mieterinsolvenz, Gottwald/Huber, Handbuch, § 37, Rn. 40.

151 So im Ergebnis auch MünchKomm/Eckert, § 108 InsO, Rn. 56, der die Freigabe aber auch ohne ausdrückliches Einverständnis des Mieters für zulässig hält, den Insolvenzverwalter aber weiterhin als Vertragspartner ansieht.

152 Uhlenbruck/Wegener, § 108 InsO, Rn. 19 mit dem nicht nachvollziehbaren Hinweis auf OLG Rostock, Beschluss vom 26. Februar 2007, 3 W 5/07, ZInsO 2007, 996, 997; MünchKomm/Eckert, § 108 InsO, Rn. 56. Zustimmend für den umgekehrten Fall der Insolvenz des Mieters, Heilmann, NJW 1985, 2505, 2508.

Verpflichtung des Insolvenzschuldners besteht[153]. Die Freigabe der Immobilie ohne dieses Einverständnis ist nicht möglich.

(2) Hier sog. „Unmöglichkeitstheorie“

Die hier sog. „Unmöglichkeitstheorie“ hält die Freigabe einer Immobilie auch ohne ausdrückliche Einwilligung des Mieters oder sonstiger Dritter für zulässig[154]. Schuldrechtlich zu einer Leistung verpflichtet und tatsächlich oder rechtlich zur Erfüllung imstande zu sein, seien zwei verschiedene paar Schuhe. Gibt der Insolvenzverwalter die Immobilie aus dem Insolvenzbeschlag frei, betreffe dies nicht den Fortbestand seiner vertraglichen Pflichten aus dem Mietverhältnis. Allerdings bewirke die Freigabe hinsichtlich der Vertragspflichten auf Seiten des Insolvenzverwalters zumindest dann sein Unvermögen gemäß § 275 Abs. 1 BGB mit der Folge des Ausschlusses der Leistungspflicht, wenn zur Vertragserfüllung der Zugriff auf den Mietgegenstand zwingend erforderlich ist und der Insolvenzschuldner seine Mitwirkung gegenüber dem Insolvenzverwalter verweigert[155]. Eine Nutzungsüberlassung kann vom Verwalter ohne Mitwirkung des Schuldners folglich nicht mehr gewährt werden. Der Insolvenzverwalter wird demnach durch die von ihm nach eigenem Ermessen erklärte Freigabe in aller Regel von den vertraglichen Verpflichtungen aus dem Mietverhältnis gemäß §§ 80 Abs. 1, 108 Abs. 1 InsO, 275 Abs. 1 BGB frei. Demgegenüber kann ein Mieter Schadensersatzansprüche gemäß §§ 275 Abs. 4, 280 BGB geltend machen, wenn vertragliche Pflichten nicht mehr erfüllt werden[156].

Auch wenn die Substanz der Immobilie freigegeben ist und der Verwalter wegen damit einhergehender aufgegebener Verfügungsbefugnis keine Mietverträge mehr abschließen kann, fallen nach dieser Ansicht bei Weiterbewirtschaftung durch den Insolvenzschuldner laufende Mieteinnahmen als Neuerwerb weiter zur Masse[157]. Sie bleibt demgegenüber weiterhin zur Erfüllung des Vertrages verpflichtet.

153 Fälschlicherweise spricht Derleder in diesem Zusammenhang von einer „Vertragsübernahme“, die denklogisch jedoch ausgeschlossen ist (siehe oben). Richtigerweise ist dem Verwalter allerdings nach dieser Ansicht zu raten, bei Einholung der Zustimmung des Mieters klarzustellen, dass sämtliche Rechte aus dem Mietverhältnis gleichfalls für die Vergangenheit vom Insolvenzschuldner erfüllt werden. Vgl. Derleder, NZM 2004, 568, 576. Dogmatisch handelt es sich bei der Übernahme von Masseverbindlichkeiten aber um einen separaten Vertrag zwischen Mieter und Insolvenzverwalter, für den keine Gegenleistung ersichtlich ist. Dem Mieter ist daher von einem solchen Einverständnis abzuraten.

154 Mork/Heß, ZInsO 2005, 1206, 1208.

155 Uhlenbruck/Wegener, § 108 InsO, Rn. 19; BGH, Urteil vom 2. Februar 2006, IX ZR 46/05, ZInsO 2006, 326, 327.

156 Mork/Heß, ZInsO 2005, 1206, 1208 mit Verweis auf Palandt/Heinrichs, § 280 BGB, Rn. 21.

157 Heinze, DZWIR 2005, 389 mit dem wenig verständlichen Hinweis auf § 35 InsO. Ob die Mieteinnahme Insolvenzmasse ist, wäre gerade Tatfrage.

(3) Hier sog. „§ 566 BGB-Theorie“

Schließlich wird vertreten, dass Mieteinnahmen nicht mehr zur Masse fließen können, wenn der Gegenstand vom Insolvenzverwalter wirksam freigegeben wurde[158]. Diese Rechtsfolge ergebe sich aus der analogen Anwendung von § 566 Abs. 2 Satz 2 BGB. Zwar setzt § 566 BGB eine Veräußerung der Mietsache voraus, wie sie bei der Freigabe nicht vorliege. Die Situation des Mieters bei Freigabe der Wohnung sei aber durchaus vergleichbar. Er solle vor der Beendigung des Mietverhältnisses geschützt werden[159]. Dem Mieter stehe darüber hinaus sogar ein subsidiärer Anspruch gegen die Masse für den Fall zu, dass er mit Ansprüchen gegen den Schuldner mit seinem insolvenzfreien Vermögen ausfällt[160]. Würde das Mietverhältnis für die Masse fortbestehen, könnten Neugläubiger (wie beispielsweise die Wohnungseigentumsgemeinschaft bezüglich der fällig werdenden Hausgelder) nicht auf die Miete als insolvenzfreies Vermögen zugreifen[161]. Der Mieter müsse im Übrigen bei Fortbestand des Mietverhältnisses ein Recht zum Besitz gegenüber dem Insolvenzschuldner geltend machen können.

(4) Stellungnahme

Für die hier sog. „Einverständnistheorie“ spricht vor allem ihre Klarheit über die Vertragsverhältnisse. Wenn Verwalter und Mieter sich darüber einig sind, dass das Mietverhältnis übergeht, bleibt die Verteilung von Rechten und Pflichten aus den Vertragsverhältnissen mit der Verfügungsbefugnis über den vermieteten Vermögensgegenstand verbunden. Dies stellt den rechtlich gewollten Zustand dar. Auch ist richtig, dass Vertragsverhältnisse aus der Masse nicht freigegeben werden können. Bei der Dereliktion kann sich der Eigentümer eines Grundstücks nicht gleichzeitig von den bestehenden vertraglichen Pflichten lösen, die mit dem aufgegebenen Grundstück zusammen hängen. Nimmt man an, die Freigabe sei als Minus in der Dereliktion enthalten, liegt der Schluss nahe, die Freigabe könne keine größeren Wirkungen als die echte sachenrechtliche Verfügung entfalten.

Gegen diese Ansicht spricht jedoch, dass dem Verwalter die Freigabe einer Immobilie quasi unmöglich sein wird. Der Mieter wird regelmäßig kein großes Interesse daran haben, ein Mietverhältnis zwischen dem ggf. vermeintlich zahlungs-

158 So Lüke, ZWE 2006, 370, 378; ders. ZWE 2010, 62, 67. Zustimmend auch Lüers, AnwZert. InsR 24/2009, Anm. 3.

159 Lüke, FS Wenzel, 2005, S. 235, 248.

160 Lüke, ZWE 2006, 370, 378. Mit der Analogie zu § 566 BGB werde darüber hinaus für die Wohnungseigentümer erreicht, dass es keinen Unterschied macht, ob die Wohnung fremd- oder eigengenutzt ist.

161 Zustimmend Vallender, NZI 2004, 401, 405.

kräftigen Insolvenzverwalter mit dem zahlungsunfähigen Vermieter einzutauschen. Insbesondere in den für die Freigabe bedeutsamen Fällen von bereits geltend gemachten Instandhaltungsansprüchen wird der Insolvenzverwalter kaum auf das Einverständnis des Mieters hoffen können.

Im Falle der Freigabe eines vermieteten Grundstücks ist zu überlegen, ob Sonderregelungen für den Übergang der bestehenden Mietverhältnisse eingreifen. Zu denken ist durchaus an § 566 Abs. 1 BGB, der unmittelbar beim Verkauf der Immobilie durch den Insolvenzverwalter anwendbar ist. Eine direkte Anwendung der Vorschrift scheidet jedoch aus, da kein Erwerb des Schuldners vorliegt. Schließlich war der Schuldner bereits vor Freigabe Eigentümer des Grundstückes. Durch den Insolvenzbeschlag hat er seine Eigentümerstellung nicht verloren. Somit findet weder bei Insolvenzeröffnung noch bei Freigabe ein Vermieterwechsel statt. Der Fall liegt ähnlich wie im Falle der Freigabe eines Betriebes oder Betriebsteiles an den Schuldner. Das Bundesarbeitsgericht wendet im Falle der Freigabe von Betriebsteilen § 613 a BGB analog an[162]. Demnach gehen auch die Arbeitsverhältnisse auf den Insolvenzschuldner über. Für die Freigabe eines Betriebes leuchtet dieses Ergebnis unmittelbar ein. Die Fortführung des Betriebes wäre dem Insolvenzschuldner nicht möglich, ohne aus den bestehenden Arbeitsverhältnissen berechtigt und verpflichtet zu sein. Auch bei Freigabe eines vermieteten Grundstückes liegt daher eine Analogie zu § 566 Abs. 1 BGB nahe. So wie der Übergang der Arbeitsverträge im Falle des § 613a Abs. 1 BGB zum Schutz der Arbeitnehmer und deren Arbeitsplätzen erfolgt, sind beim Übergang des Grundstückes die Mieter grundsätzlich ebenso schutzwürdig. In Fortführung dieses Analogiegedankens muss auch der Schuldner an die Mietverträge gebunden sein, die für das an ihn freigegebene Grundstück bzw. Anwesen bestehen. Dem Gesetzgeber waren die Folgen der Freigabe von Immobilien im Allgemeinen und im Besonderen für die Wirkungen eines bestehenden Mietverhältnisses bei Einführung des § 32 Abs. 3 Satz 1 InsO nicht vollständig bekannt, so dass auch eine auszufüllende Regelungslücke besteht. Die Freigabe eines Grundstücks bedeutet den Verzicht auf die künftigen Früchte dieser Sache. Damit umfasst die Freigabe insbesondere auch den Mietzins (§ 99 Abs. 3 BGB)[163].

Anmerkung: Dem Verwalter ist anzuraten, falls nur irgendwie möglich, den für ihn sichersten Weg zu gehen, auch wenn ein „Übergang“ der Dauerschuldverhältnisse auf den Schuldner durch die Freigabe anzunehmen ist. Der sicherste Weg ist die Übertragung des Dauerschuldverhältnisses auf den Schuldner. Die Vertragsübertragung bedarf entweder eines dreiseitigen Vertrages zwischen Schuldner, In-

162 BAG, Urteil vom 10. April 2008, 6 AZR 368/07, ZInsO 2008, 866ff.; BAG, Urteil vom 5. Februar 2009, 6 AZR 110/08, ZInsO 2009, 1116ff.

163 So bereits BGH, Urteil vom 30. Juni 1978, V ZR 153/76, MDR 1979, 44, 45.

solvenzverwalter und Gläubiger oder eines Vertrages zwischen Schuldner und Verwalter mit Zustimmung des Gläubigers[164].

b) Im Speziellen: die Mietkaution

Nach Insolvenzeröffnung besteht ein bereits zustande gekommenes und nicht beendetes Mietverhältnis gemäß § 108 Abs. 1 InsO fort[165]. Wird das Mietverhältnis im Insolvenzverfahren beendet, steht dem Mieter hinsichtlich der Kaution ein Aussonderungsrecht zu, wenn der Vermieter die Kautionsleistung von seinem Vermögen getrennt und unterscheidbar angelegt hat[166]. Gibt der Insolvenzverwalter die Immobilie aus der Insolvenzmasse frei, gehen nach der hier vertretenen Auffassung auch sämtliche Verpflichtungen aus dem Mietverhältnis wieder auf den Insolvenzschuldner über. Der Insolvenzverwalter ist damit verpflichtet, dem Schuldner ein für die Mietkaution separat als Kautionskonto angelegtes Kontoguthaben ebenfalls herauszugeben. Dies gilt auch für ein lediglich selbst angelegtes und verpfändetes Sparbuch[167].

c) Auswirkungen der Freigabe auf bestehende Grundpfandrechte

Grundpfandrechte sind dingliche Sicherungen an Grundvermögen. Mit Freigabe des Grundvermögens gibt der Insolvenzverwalter auch die Grundpfandrechte frei. Dies gilt in konsequenter Fortführung der hier vertretenen Auffassung auch für eine auf diesem Grundstück ruhende Eigentümergrundschuld[168]. Zwar kann eine solche Eigentümergrundschuld einen erheblichen Wert darstellen, so dass ihre Freigabe nicht im Sinne der Masse ist. Eine Aufteilung der Freigabehandlung in „belastende" und „nicht belastende" Rechte ist nicht zulässig. Dies gilt gleichermaßen für eine

164 Hierz Lüers, AnwZert. InsR 24/2009, Anm. 3.

165 Dies gilt allerdings nur für bereits in Vollzug gesetzte Mietverhältnisse. BGH, Urteil vom 5. Juli 2007, IX ZR 185/06, ZInsO 2007, 1111, 1112f. unter ausdrücklicher Bezugnahme auf den für diesen Fall noch klar geregelten § 21 Abs. 1 KO sowie den Grundsatz der Gläubigergleichbehandlung. Zustimmend Kübler/Prütting/Tintelnot, § 108 InsO, Rn. 20. A.A. Lindner-Figura/Oprée/Stellmann/Hörndler, Geschäftsraummiete, Kap. 20, Rn. 73 m.w.N.

166 Ein separates Konto, das nicht als Kautionskonto oder in ähnlicher Weise bezeichnet ist, reicht nicht aus. BGH, Urteil vom 20. Dezember 2007, IX ZR 132/06, NJW 2008, 1152; Uhlenbruck/Wegener, § 108 InsO, Rn. 25. Zustimmend wohl auch AG Göttingen, Urteil vom 18. Juni 2009, 21 C 33/09, ZInsO 2010, 829, 831.

167 Hat der Mieter dem Vermieter und späteren Insolvenzschuldner lediglich ein selbst angelegtes Sparbuch verpfändet, hat er nach Beendigung des Mietverhältnisses im Insolvenzverfahren lediglich ein Absonderungsrecht gemäß §§ 50 Abs. 1, 51 Nr. 1 InsO. MünchKomm/Eckert, § 108 InsO, Rn. 109. Kritisch Cymutta, WuM 2008, 441, 442.

168 A.A. BGH, Urteil vom 30. Juni 1978, V ZR 153/76, MDR 1979, 44; KG, Beschluss vom 30. September 2005, 7 W 61/05, ZInsO 2005, 1217; Tetzlaff, jurisPR-InsR 4/2006 Anm. 5.

Eigentümergrundschuld wie für eine Sicherungsgrundschuld, die noch nicht in eine Eigentümergrundschuld überführt worden ist, sondern dem Insolvenzschuldner ein entsprechender Rückgewähranspruch auf Rückübertragung oder Verzicht bzw. auf Löschung zusteht. Auch wenn die Geltendmachung eines bereits entstandenen Anspruchs auf Verzicht auf eine Grundschuld keine Belastung für die Masse mit sich bringt, sondern ihr nur wirtschaftliche Vorteile zuführen kann, ist die Freigabe eines Grundstückes nur mit allen mit diesem Grundstück verbundenen Rechten und Pflichten möglich.

d) Auswirkungen auf die steuerlichen Verpflichtungen

Im Insolvenzverfahren kann die Gemeinde eine Grundsteuer durch Verwaltungsakt nur erheben, wenn es sich dabei um eine Masseverbindlichkeit gemäß § 55 InsO und nicht um eine Insolvenzforderung gemäß § 38 InsO handelt[169]. Scheidet ein Grundstück durch Freigabe aus dem Insolvenzbeschlag aus, ist der Insolvenzverwalter nicht mehr verfügungsberechtigt, so dass ihm gegenüber auch keine Grundsteuerforderung mehr zu Lasten der Masse festgesetzt werden kann[170]. Nach Freigabe sind Grundsteuern folglich gegenüber dem Schuldner geltend zu machen, wobei Haftungsgrundlage lediglich das insolvenzfreie Vermögen des Schuldners sein kann[171]. Durch die Freigabe wird ein Grundstück lediglich aus dem Insolvenzbeschlag in das insolvenzfreie Vermögen des Schuldners überführt, so dass keine Leistung der Insolvenzmasse an den Schuldner und somit auch kein steuerbarer Umsatz im Sinne von § 1 Abs. 1 Nr. UStG vorliegt[172]. Wenn die Insolvenzordnung überhaupt durch § 80 Abs. 1 InsO eine Steuerpflicht der Masse begründet[173], muss sie diese durch Auflösung dieser Verwaltungs- und Verfügungsbefugnis genauso wieder beenden können.

e) Die sog. Altlastenfälle

Vor dem Hintergrund stark kontaminierter Betriebsgrundstücke, strenger werdenden Umweltschutzvorschriften und einer damit zusammenhängenden Zustands-

169 App, NZI 1999, 478, 479.
170 Wohl erstmals OVG Magdeburg, Beschluss vom 5. November 2009, 4 L 243/08, NVwZ-RR 2010, 163, 164.
171 MünchKomm/Lwowski/Tetzlaff, § 165 InsO, Rn. 209c.
172 Kübler/Prütting/Lüke, § 80 InsO, Rn. 63. Zur Gefahr einer steuerlichen Inanspruchnahme der Masse bei Veräußerung der freigegebenen Immobilie durch den Schuldner, Tetzlaff, ZInsO 2004, 521, 526.
173 Anzweifelnd Ries, NZI 2010, 497, 500.

und Handlungsverantwortlichkeit hat die Freigabe von kontaminierten Grundstücken seit Mitte der 90er Jahre zunehmend an Bedeutung gewonnen[174]. Unstreitig dürfte sein, dass der Insolvenzverwalter durch Freigabe die Masse nicht mehr vor bereits rechtskräftig titulierten Pflichten bewahren kann[175]. Dies sagt aber nichts über die Zulässigkeit der Freigabe bei kontaminierten Grundstücken aus, wenn eine rechtskräftige Inanspruchnahme noch nicht vorliegt. Zu dieser Frage stehen sich zwei kontroverse Meinungen gegenüber, die auch Bedeutung für die Freigabe einer Immobilie bei der Insolvenz natürlicher Personen haben.

(1) Hier sog. „Entledigungstheorie"

Die hier sog. „Entledigungstheorie" gestattet dem Insolvenzverwalter grundsätzlich, sich durch Freigabe der Gefahrenquelle einer Inanspruchnahme zu entledigen[176]. Es mag zwar sein, dass der Insolvenzverwalter nicht einzelne Abfälle freigeben könne[177]. Gibt der Insolvenzverwalter jedenfalls das gesamte haftungsrelevante Grundstück frei, könne sich die Ordnungsbehörde nicht gem. § 5 Abs. 3 Nr. 2 BImSchG oder § 4 Abs. 3 BBodSchG an den Insolvenzverwalter halten. Dieser habe nach der Freigabe gerade keine Sachherrschaft mehr, so dass eine Inanspruchnahme nicht in Betracht komme. Nach der Freigabe gingen auch die öffentlich rechtlichen Verpflichtungen wieder auf den Gemeinschuldner über[178]. Dem Insolvenzverwalter könne keine insolvenzfremde Pflicht auferlegt werden, im Interesse der Erfüllung behördlicher Auflagen und Verfügungen und nicht im Interesse der bestmöglichen Gläubigerbefriedigung tätig zu werden[179]. Insoweit habe das Befriedigungsinteresse der Gläubiger im Rahmen der insolvenzrechtlichen Abwicklung Vorrang. Die Freigabe ist folglich genau dann statthaft, wenn die Kosten für die Verwaltung und die Verwertung des Vermögens den voraussichtlichen Verwertungserlös des konkreten Vermögensgegenstandes übersteigen wer-

174 Vgl. statt vieler Schmidt, NJW 2010, 1489, 1490 m.w.N. in Fn. 4.

175 Vgl. Pape, AnwBl 2008, 494, 499.

176 BVerwG, Beschluss vom 5. Oktober 2005, 7 B 65.05, ZInsO 2006, 495, 496; BVerwG, Urteil vom 23. September 2004, 7 C 22.3, NZI 2005, 51; Braun/Bäuerle, § 55 InsO, Rn. 17; KS/Lüke, Kap. 22, Rn. 83ff.; Pape, ZIP 1991, 1544; von Wilmowsky, ZIP 1997, 1445; Höpfner, ZIP 2000, 1517, 1519; Schwartmann, NZI 2001, 69, 70ff.; Förster, ZinsO 2000, 315; MünchKomm/Hefermehl, § 55 InsO, Rn. 97f.; Kübler/Prütting/Pape, § 80 InsO, Rn. 34ff.

177 Vgl. §§ 11, 13 KrW-/AbfG. OVG Lüneburg, Beschluss vom 7. Januar 1993, 7 M 5684/92, ZIP 1993, 1174; Höpfner, ZIP 2000, 1517, 1519. Anders jetzt OVG Lüneburg, Beschluss vom 3. Dezember 2009, 7 ME 55/09, NJW 2010, 1546, nach dem die „erklärte Freigabe von Abfallgegenständen aus der Masse durch den Insolvenzverwalter (...) diesen grundsätzlich von der Entsorgungspflicht (befreit), wenn er den Betrieb der Anlage, aus der die Gegenstände stammen, nicht aufgenommen habe".

178 VG Hannover, Urteil vom 16. Mai 2001, 12 A 1401/99, NJW 2002, 843.

179 Hape, ZInsO 2002, 453, 459.

den[180]. Die haftungsbefreiende Freigabe sei zumindest so lange möglich, solange gegen den Insolvenzverwalter die Umweltbehörde noch keine die Ordnungspflicht konkretisierende Beseitigungsverfügung für Abfälle oder Sanierungsanordnung für Bodenverunreinigungen erlassen hat, bzw. ein entsprechender Ordnungsbescheid noch nicht bestandskräftig geworden ist[181].

(2) Hier sog. „Haftungstheorie"

Die hier sog. „Haftungstheorie" lehnt dem gegenüber die Möglichkeit einer Freigabe umweltbelasteter Immobilien vollständig ab[182]. Es sei unzulässig, die Allgemeinheit auf einen vermögenslosen Schuldner und dessen insolvenzfreies Vermögen zu verweisen. Erfolgt die Freigabe folglich nur, um sich von Verbindlichkeiten freizustellen, soll die Freigabe aufgrund Sittenwidrigkeit nichtig sein. Zur Begründung wird u. a. eine Parallele zu der im Ordnungsrecht unzulässigen Dereliktion angeführt[183]. Es stehe dem Insolvenzverwalter nicht zu, das von ihm verwaltete Vermögen zu Lasten der Ordnungsbehörde aufzuteilen[184]. Trotz Freigabe durch den Insolvenzverwalter könne die Masse von der Verpflichtung aus § 5 Abs. 3 Nr. 2 BImschG nicht frei werden, weil die Vorschrift nicht an die vermögensrechtliche Zuordnung im Sinne einer Verfügungsbefugnis anknüpfe, sondern auf die Sachherrschaft abstelle.

180 BGH, Urteil vom 19. Januar 2006, IX ZR 232/04, ZInsO 2006, 261, 264. Teilweise wird sogar davon ausgegangen, dass durch die Freigabe bereits einmal entstandene Masseverbindlichkeiten nachträglich beseitigt werden können. Vgl. OLG Stuttgart, Urteil vom 10. Februar 2005, 13 U 167/04, ZInsO 2005, 498, 499. Dagegen BGH, Urteil vom 2. Februar 2006, IX ZR 46/05, WM 2006, 1496, 1497f.

181 MünchKomm/Hefermehl, § 55 InsO, Rn. 102. Die Behörde ist nicht daran gehindert, eine bereits gegen den Insolvenzschuldner ergangene Grundverfügung nach Insolvenzeröffnung wieder aufzuheben, den Vollzug nicht einzuleiten und eine neue Beseitigungsverfügung gleichen Inhalts gegen den Insolvenzverwalter zu erlassen. Vgl. BVerwG, Urteil vom 10. Februar 1999, 11 C 9/97, NZI 1999, 246.

182 OVG Greifswald, Urteil vom 16. Januar 1997, 3 L 94/96, ZIP 1997, 1460, 1464; VG Frankfurt/Oder, Beschluss vom 8. September 1998, 7 L 283/98, NZI 1999, 284, 287.

183 Vgl. Stürner, FS Merz, 1992, Seite 563, 565, der bereits in der Freigabe des Insolvenzverwalters eine Störungshandlung sieht.

184 OVG Greifswald, Urteil vom 16. Januar 1997, 3 L 94/96, ZIP 1997, 1460, 1464. So auch das VG Frankfurt/Oder welches die Zulässigkeit einer Freigabe im Insolvenzverfahren für insgesamt unzulässig erachtet bzw. die Zulässigkeit zumindest im Grundsatz in Frage stellt. VG Frankfurt/Oder, Beschluss vom 8. September 1998, 7 L 283/98, NZI 1999, 284, 287.

(3) Stellungnahme

Beide Theorien stehen sich gleichsam unversöhnlich gegenüber. Eine vermittelnde Lösungsalternative scheint unmöglich.

Aus einer Rechtsfolgenbetrachtung ergibt sich zunächst, dass die hier sog. „Entledigungstheorie“ zu einer Masseentlastung führt. Der Insolvenzverwalter wird regelmäßig nur dann eine Freigabe erklären, wenn das massefreie Vermögen keinen positiven Gesamtwert ausweist. Durch die Freigabe erhält der Insolvenzverwalter damit die Möglichkeit, zu Gunsten der bestehenden Gläubiger die vorhandene Masse vor einer verwaltungsrechtlichen Inanspruchnahme zu schonen und so die auf jeden Insolvenzgläubiger am Ende auszukehrende Insolvenzquote zu erhöhen[185]. Die Ordnungsbehörde bleibt gleichwohl verpflichtet, für eine Beseitigung der Gefahr zu sorgen. Der Schuldner in Gestalt einer natürlichen Person wird sich regelmäßig in der Wohlverhaltensphase befinden. Zwar kann die Ordnungsbehörde diesen nunmehr in Anspruch nehmen. Einen wirtschaftlichen Erlös wird sie auch im Rahmen einer Neuverbindlichkeit nicht erzielen, auch wenn diese (ggf. neuerliche) Inanspruchnahme am Ende der Wohlverhaltensphase von der Restschuldbefreiung nicht erfasst ist. Die Ordnungsbehörde wird also im Wege der Ersatzvornahme die Gefahr beseitigen. Nach der „Haftungstheorie“ scheidet die Freigabe des betroffenen Grundstückes aus. Die Ordnungsbehörde nimmt folglich die Masse auf Beseitigung in Anspruch und macht insoweit einen Masseanspruch geltend. Im Ergebnis werden in nicht wenigen Fällen die Ersatzvornahmekosten die Nettomasse übersteigen, so dass dem Insolvenzverwalter nur die Anzeige der Masseunzulänglichkeit verbleibt. Beide Ansichten führen in nicht wenigen Fällen zu einem Ausfall der Ordnungsbehörde.

Für den Insolvenzverwalter stellt sich allein die Frage, ob er aus rein haftungsrechtlichen Gründen freigeben muss. Dies wäre dem umsichtigen Insolvenzverwalter nach der hier sog. „Entledigungstheorie“ unbedingt zu raten[186]. In einer summarischen Prüfung müsste der Insolvenzverwalter folglich die Verwertungsmöglichkeit eines Grundstücks oder einer Anlage prüfen. Lässt eine grundpfandrechtliche Belastung der Immobilie von vornherein lediglich einen Obolus bei freihändiger Verwertung für die Masse zu, droht aber andererseits eine Inanspruchnahme durch die Ordnungsbehörde, müsste der Verwalter selbst von ersten Sicherungsmaßnahmen absehen, um eine mögliche Haftung aus § 60 InsO auszuschlie-

185 Richtigerweise weist Karsten Schmidt darauf hin, dass sich hierüber vor allem eine „Allianz“ aus Banken als Grundschuldgläubiger, Insolvenzgläubigern, Arbeitnehmervertretern und nicht zuletzt Insolvenzverwaltern freuen. Schmidt, NJW 2010, 1489, 1490. Ein rechtlicher Schluss lässt sich aus dieser Tatsache freilich nicht ziehen.

186 Allein die Überwachung einer solchen Anlage durch Angestellte, könnte eine Entlastung der Masse verhindern. Vgl. Schmidt, NJW 2010, 1489, 1490. Im Ergebnis befürwortend OVG Lüneburg, Beschluss vom 3. Dezember 2009, 7 ME 55/09, NJW 2010, 1546.

ßen[187]. Dieses Ergebnis erscheint grotesk, weil ein umsichtiges Handeln zum Wohle der Masse zu einem Zufallsprodukt wird.

Die Folgen für den Schuldner werden an folgendem Beispielsfall deutlich: Als Unternehmer hatte sich der Insolvenzschuldner auf einem von der Bundesanstalt für Immobilienaufgaben (ehemals Bundesvermögensverwaltung) erworbenen Grundstück in Sachsen-Anhalt 1992 einen Betrieb errichtet. Später stellte sich heraus, dass das Grundstück zwischen 1956 und 1970 als Militärbasis der sowjetischen Besatzungsmacht gedient hatte und Bodenkontaminationen mit chemischen Kampfmitteln in nicht unerheblicher Menge vorliegen. Aufgrund einer ordnungsrechtlichen Inanspruchnahme ließ sich der Betrieb nicht mehr halten und der Insolvenzschuldner beantragte die Eröffnung des Insolvenzverfahrens über sein Vermögen[188]. Den Eröffnungsantrag verbindet der Schuldner mit einem Antrag auf Restschuldbefreiung. Nach Verfahrenseröffnung gibt der Verwalter das Betriebsgrundstück frei. Daraufhin wird der Schuldner im Wege der Ersatzvornahme von der Ordnungsbehörde in Anspruch genommen. Der Schuldner hat während der Wohlverhaltensphase Einnahmen in Höhe der gesetzlichen Pfändungsfreigrenzen. Die Kosten für die Ersatzvornahme kann er bei Weitem nicht tragen. Insoweit ist er nach Ende der Wohlverhaltensphase gezwungen, die eidesstattliche Versicherung abzugeben oder aber erneut Insolvenzantrag mit Restschuldbefreiungsantrag zu stellen (ggf. nunmehr im IK-Verfahren)[189].

Wenn einerseits mit der Freigabe letztlich nur die Anzeige der Masseunzulänglichkeit gemäß § 208 InsO verhindert werden kann, andererseits aber der Insolvenzschuldner sein berechtigtes Ziel gemäß § 1 Satz 2 InsO auf Schuldenfreiheit am Ende einer sechsjährigen Wohlverhaltensphase zumindest faktisch nicht erreichen kann und zu guter Letzt eine Inbesitznahme und Sicherung der Insolvenzmasse durch den Insolvenzverwalter durch die konsequente Abwehr von Schadensersatzansprüchen verhindert wird, kann die Freigabe unter diesen Umständen nicht zulässig sein. Eine solche Freigabe wäre wegen Verstoßes gegen § 138 BGB

187 KS/Lüke, Kap. 22, Rn. 22. Auch Höpfner, ZIP 2000, 1517, 1519, der die Freigabe ausschließlich aus dem Blickwinkel des Insolvenzverwalters betrachtet. Er unterscheidet lediglich die „Freigabe wegen festgestellter Altlastenkontamination ohne Kaufinteressent" und die „Freigabe bei Verdacht einer Altlastenkontamination". Ausschließlich anhand der Haftungsvoraussetzungen des § 60 InsO sei die Freigabe zu „beanstanden" oder hinzunehmen.

188 Ein derartiger Fall ist durchaus denkbar. Erst kürzlich hatte das LG Koblenz über eine Inanspruchnahme der Bundesrepublik Deutschland zu entscheiden, weil ein Nachbargrundstück zu einem von den französischen Streitkräften genutzten Grundstück mit chemischen Kampfmitteln verunreinigt wurde. Vgl. LG Koblenz, Urteil vom 17. April 2008, 1 O 353/07, juris. Ähnlich auch KG, Urteil vom 14. Mai 2009, 8 U 106/08, juris, zur Beseitigung von Kampfmitteln aus dem Zweiten Weltkrieg.

189 Karsten Schmidt, NJW 2010, 1489, 1491, weist m.E. zu Recht darauf hin, dass nach der „Entledigungstheorie" der Insolvenzverwalter Vorstände und Geschäftsführer gem. §§ 92 Abs. 2, 93 AktG bzw. gem. §§ 43, 64 GmbH persönlich in Anspruch nehmen kann, wenn diese die Ordnungspflichten noch mit Mitteln der Gesellschaft erfüllt haben.

nichtig, da sie nicht zuletzt den Schuldner unangemessen an der Erreichung seines gesetzgeberischen Zieles hindern kann. Wenn und soweit es mit dem Grundsatz der „condicio par creditorum“ ernst gemeint ist, kann nicht in Zweifel gezogen werden, dass sämtliche Gläubiger im Insolvenzverfahren in das Verfahren einbezogen und zwangsläufig den verfahrensrechtlichen Beschränkungen unterworfen werden müssen. Bei der „par condicio creditorum“ geht es nicht nur um die Gläubigergleichbehandlung bei Verteilung eines Verwertungs- oder Fortführungserlöses als Insolvenzquote, sondern auch um Opfer, die ggf. die Gläubigergemeinschaft zu erbringen hat[190].

Der Insolvenzverwalter ist daher verpflichtet, Umweltlasten aus der vor Eröffnung des Insolvenzverfahrens stammenden Zeit mit Massemitteln zu beseitigen. Dies gilt auch für Ersatzvornahmekosten. Gibt der Verwalter folglich eine belastete Immobilie frei, kann die Freigabe unabhängig eines Verwaltungsaktes nur diejenigen Verbindlichkeiten betreffen, die erst nach der Freigabe tatsächlich begründet werden. Der Insolvenzordnung ist insoweit als lex specialis den verwaltungsrechtlichen Vorschriften über die Bestandskraft von Verwaltungsakten der Vorrang einzuräumen.

f) Zwischenergebnisse

Die Wirkungen der Freigabe lassen sich wie folgt umschreiben: „Durch die Freigabe geht das Recht des Insolvenzverwalters, das zur Insolvenzmasse gehörende Vermögen zu verwalten und über es zu verfügen, auf den Insolvenzschuldner über“. Die Freigabe beendet damit ex nunc ausschließlich die Verwaltungs- und Verfügungsbefugnis des Insolvenzverwalters, bzw. lassen die Verfügungsbeschränkungen des Schuldners entfallen.

Besteht für eine freigegebene Immobilie ein Mietverhältnis, fällt dieses gleichfalls ex nunc in die Verwaltungs- und Verfügungsbefugnis des Insolvenzschuldners zurück. Hatte der Mieter eine Mietkaution hinterlegt, ist der Insolvenzverwalter verpflichtet, dem Insolvenzschuldner ein separat als Kautionskonto angelegtes Kontoguthaben ebenfalls herauszugeben. Mit der Freigabe gehen auch Eigentümergrundschulden auf den Insolvenzschuldner über, so dass dieser im Falle der Verwertung des Grundstückes einen entsprechenden Erlösanteil geltend machen kann. Grundsteuern sind nach Freigabe gegenüber dem Schuldner geltend zu machen, wobei die Freigabe keine Leistung der Insolvenzmasse an den Schuldner im Sinne von § 1 Abs. 1 Nr. UStG ist[191]. Die Freigabe eines mit Altlasten kontami-

190 Ebenso Uhlenbruck, KTS 2004, 275; anders aber Häsemeyer, FS Uhlenbruck, 2000, S. 97, 112f.

191 Kübler/Prütting/Lüke, § 80 InsO, Rn. 63.

nierten Grundstückes bewahrt die Masse nur insoweit vor einer ordnungsrechtlichen Inanspruchnahme, wie ein haftungsrelevanter Zustand nach Freigabe eintritt. Ansonsten wäre die Freigabe gemäß § 138 BGB sittenwidrig. Insolvenzrechtlichen Vorschriften ist verwaltungsrechtlichen Normen insoweit der Vorrang einzuräumen.

3. Die Freigabe von Wohnungseigentum

Die wirtschaftliche Krise des Wohnungseigentümers führt regelmäßig dazu, dass er mit seinen Wohngeldzahlungen in Verzug gerät. Auch wenn die Wohnungseigentümergemeinschaft durch die Insolvenz eines ihrer Mitglieder finanzielle Ausfälle erleidet, unterscheidet sich ihr Schicksal grundsätzlich nicht von dem anderer Gläubiger[192]. Dennoch ergeben sich aus dem Wohnungseigentumsverhältnis einige beachtenswerte Besonderheiten.

a) Wohnungseigentum und Insolvenzverfahren

Ist Wohnungseigentum vorhanden wird regelmäßig bereits der vorläufige Verwalter ermächtigt (§ 21 Abs. 2 Nr. 2 InsO), zur Sicherung der künftigen Masse u.a. eingehende Gelder, also auch die Miete von vermieteten Wohnungseigentum entgegen zu nehmen bzw. einzuziehen[193]. Dies bedeutet allerdings nicht, dass der starke vorläufige Verwalter bereits zur Veräußerung oder zur Freigabe des Wohnungseigentums berechtigt ist[194].

(1) Allgemeine Wirkungen der Verfahrenseröffnung

Wird das Insolvenzverfahren eröffnet, fällt das Wohnungs- und das Sondereigentum als ein gemäß § 864 ZPO der Zwangsvollstreckung unterliegender Vermö-

192 Lüke, ZWE 2006, 370. Dies gilt auch, obwohl die Insolvenz eines Wohnungseigentümers eine Art „Dominoeffekt" bei den einzelnen Wohnungseigentümern auslösen kann, Lüke, ZWE 2010, 62.

193 Ziel des Einzugs der Miete ist in erster Linie nicht die Verwertung der Forderung, sondern lediglich deren Sicherstellung zu Gunsten der Masse. Vgl. Vallender, NZI 2004, 401, 402.

194 Vallender, NZI 2004, 401, 402; ders., GmbHR 2004, 543, 545. Während des Insolvenzeröffnungsverfahrens ist eine Insolvenzmasse noch nicht vorhanden. Rechtsdogmatisch ist es daher nicht möglich, Vermögensgegenstände in das insolvenzfreie Vermögen des Schuldners bereits im Insolvenzeröffnungsverfahren zu überführen. Tetzlaff, ZInsO 2004, 521, 525.

genswert in die Insolvenzmasse[195]. Der Wohnungseigentümer verliert gemäß § 80 InsO das Verwaltungs- und Verfügungsrecht über seine Wohnung. Sämtliche Rechte und Pflichten aus dem Wohnungseigentum gehen auf den Insolvenzverwalter über. Im Gegensatz zu anderen Personenverbänden wird durch die Insolvenz eines Wohnungseigentümers die Wohnungseigentümergemeinschaft wegen § 11 Abs. 2 WEG nicht aufgelöst[196]. Auch steht dem Insolvenzverwalter nicht die Befugnis zu, die Auflösung der Wohnungseigentümergemeinschaft zu verlangen[197]. Der Insolvenzverwalter kann gleich den Rechten des Wohnungseigentümers das Wohnungseigentum und das Gemeinschaftseigentum nutzen (§ 13 WEG). Demgegenüber hat der Insolvenzverwalter für die Instandhaltung des Sondereigentums und die ordnungsgemäße Behandlung des gemeinschaftlichen Eigentums zu sorgen sowie die anteiligen Kosten gemäß §§ 14, 16 WEG zu tragen[198]. Gibt der Insolvenzverwalter das Wohnungseigentum aus der Masse frei, ist es dem insolvenzfreien Vermögen des Schuldners zuzuordnen[199].

(2) Handlungszwänge des Insolvenzverwalters

Regelmäßig wird das Wohnungseigentum in der Insolvenz des Eigentümers über den Verkehrswert hinaus dinglich belastet sein. Oft decken vorhandene Mieteinnahmen weder die dinglichen Lasten noch die Forderungen der Wohnungseigentümergemeinschaft. Hinzu kommt, dass den Insolvenzverwalter aus dem Mietverhältnis finanzielle Verpflichtungen treffen können. In vielen Fällen nutzt der Schuldner das Wohnungseigentum selbst zu Wohnzwecken. Die Praxis zeigt, dass es eine Vielzahl von Fällen gibt, in denen gerade das Wohnungseigentum zur finanziellen Überforderung des Insolvenzschuldners geführt hat. Dieser kann bereits seit langem die Hausgelder und Sonderumlagen nicht mehr zahlen. Sanierungsansprüche eines Mieters werden ignoriert, so dass es zusätzlich zu erheblichen Miet-

195 Uhlenbruck/Hirte, § 35 InsO, Rn. 7; Kübler/Prütting/Holzer, § 35 InsO, Rn. 47.

196 Die Wohnungseigentumsgemeinschaft ist so gesehen eine Zwangsgemeinschaft. Vgl. Lüke, ZWE 2006, 370. Dies ist ein erheblicher Unterschied gegenüber anderen Personenverbänden, bei denen bei Insolvenz eines einzelnen Mitgliedes ein Auflösungsgrund vorgesehen ist. Etwas anderes gilt nur im Falle des § 11 Abs. 1 Satz 3 WEG. Vallender, NZI 2004, 401, 402.

197 Bärmann/Wenzel, § 11 WEG, Rn. 28.

198 Bei seinem Gebrauch darf der Insolvenzverwalter wie der Wohnungseigentümer Dritte nicht beeinträchtigen, § 14 Nr. 1 WEG. Er ist ebenso gemäß §§ 23ff. WEG an die Beschlüsse der Eigentümerversammlung sowie gemäß §§ 43ff. WEG an die Anordnungen eines Gerichts sowie gemäß §§ 27ff. WEG des Verwalters gebunden.

199 Dies ist unstreitig. Vgl. Lüke, FS Wenzel, 2004, S. 235, 238; Kübler/Prütting/Holzer, § 35 InsO, Rn. 30.

ausfällen kommt[200]. Dies alles hält den Insolvenzverwalter dazu an, über den Fortbestand des Wohnungseigentums in der Masse nachzudenken[201].

Der Verwalter ist grundsätzlich zur freihändigen Veräußerung befugt[202]. Da der Insolvenzverwalter insoweit auf die Löschungsbewilligung der Grundpfandgläubiger angewiesen ist, ist eine wirtschaftlich sinnvolle Veräußerung nur in Abstimmung aller Beteiligten möglich[203]. In Höhe der gesicherten Forderung hat der Insolvenzverwalter den Erlös an den gesicherten Gläubiger herauszugeben. Übersteigt die Sicherheit den Erlös, entfällt kein Anteil auf die Masse. Darüber hinaus hat der Insolvenzverwalter bei der Veräußerung die Beschränkungen der Gemeinschaftsordnung zu beachten[204]. Die freihändige Veräußerung ist damit neben einem erhöhten Arbeitsaufwand für den Verwalter meist nicht mit wirtschaftlichem Erfolg für die Masse verbunden. Auch die Zwangsversteigerung stellt in der insolvenzrechtlichen Praxis eher die Ausnahme dar, da regelmäßig keine adäquaten Erlöse erzielt werden[205]. Wenn und soweit die Verwertung des Wohnungseigentums keinen Erlös für die Insolvenzmasse verspricht, wird der Insolvenzverwalter nach Alternativen suchen und das Wohnungseigentum in letzter Konsequenz freigeben. Hierzu ist er nicht nur gegenüber der Gläubigergemeinschaft verpflichtet. Diese kann ihn bei pflichtwidrigem Unterlassen der Freigabe haftungsrechtlich in Anspruch nehmen. Die Abwägung zwischen Freigabe und Unterlassen der Freigabe von Wohnungseigentum bergen folglich auch für den Insolvenzverwalter nicht unerhebliche Risiken[206].

b) Die Hausgeldforderungen der Gemeinschaft

Fallen Hausgeldansprüche nach einer vom Insolvenzverwalter erklärten Freigabe nicht länger der Masse zur Last, wäre die Freigabe gleichsam ein Befreiungsschlag.

200 Nicht selten ist es die Wohnungseigentümergemeinschaft selbst, die einen entsprechenden Insolvenzantrag gestellt hat. Zumindest mittelbar führen Wohnungseigentumsgesellschaften die Insolvenz des Wohnungseigentümers herbei, in dem sie ihre titulierten Ansprüche in das Wohnungseigentum vollstrecken.

201 Zu den einzelnen Handlungsmöglichkeiten des Insolvenzverwalters ausführlich Lüke, ZWE 2010, 62, 68ff.

202 Vallender, NZI 2004, 401, 404.

203 Hintzen, ZInsO 2008, 480, 486.

204 Nach § 12 WEG kann die Veräußerung, Belastung oder Unterteilung des Wohnungseigentums durch Vereinbarung von der Zustimmung anderer Wohnungseigentümer oder eines Dritten (z.B. der Hausverwalter) abhängig gemacht werden. Dies ist oft der Fall. Hierzu BGH, Beschluss vom 24. November 1978, V ZB 2/78, NJW 1979, 870f.

205 Tetzlaf, ZInsO 2004, 521; Vallender, NZI 2004, 401, 405. Für den Verwalter steht bei der Frage der Verwertung die Entscheidung zwischen Freigabe oder freihändigem Verkauf im Raum. Vgl. Hintzen, ZInsO 2008, 480, 485.

206 Hierzu ausführlich Küpper/Heinze, ZInsO 2000, 2009ff.

Die Zukunft der Hausgeldansprüche nach Freigabe bedarf näherer Untersuchung[207].

(1) Hier sog. „Einheitstheorie“

Nach der hier sog. „Einheitstheorie“ tritt nach der Freigabe von Wohnungseigentum der Insolvenzschuldner als Eigentümer und Mitglied der Wohnungseigentumsgemeinschaft wieder in alle Rechte und Pflichten aus dem Gemeinschaftsverhältnis ein[208]. Wohnungseigentum und Hausgeldansprüche seien untrennbar miteinander verbunden, so dass eine vom Eigentum abweichende Behandlung des Hausgeldanspruchs nicht zulässig sei[209]. Die Verpflichtung zur Zahlung des Hausgeldes folge aus der Mitgliedschaft der Gemeinschaft, die allein durch den Erwerb von Wohnungseigentum begründet und durch deren Verlust beendet werde. Mit Wiedereintritt in die Rechtsbefugnis des Eigentümers sei der ehemalige Insolvenzschuldner im Bezug auf das Wohnungseigentum einem vor Rechtshängigkeit ausgeschiedenen Wohnungseigentümer gleich zu erachten[210]. Der Insolvenzschuldner kann daher bei vermietetem Wohnungseigentum die Miete einziehen, muss im Gegensatz aber Hausgeldansprüche aus seinem pfändungsfreien Vermögen be-

207 Nur die nach Freigabe fällig werdenden Hausgelder können von einer Freigabe betroffen sein. LG Kassel, Beschluss vom 12. April 2007, 3 T 30/07, ZIP 2007, 2370, 2371, was nicht wirklich streitig sein dürfte. Zustimmend auch OLG Düsseldorf, Beschluss vom 28. April 2006, I-3 Wx 299/05, ZInsO 2007, 154, 155f., AG Koblenz, Urteil vom 10. Dezember 2009, ZInsO 2010, 777, 778; Lüke, FS Wenzel 2005, S. 235, 242.

208 BGH, Beschluss vom 12. Februar 2009, IX ZB 112/06, NZI 2009, 382f. In dem zu entscheidenden Fall beantragte die Eigentümergemeinschaft nach Freigabe die Vollstreckung in das Wohnungseigentum wegen titulierter Ansprüche aus der Zeit vor Verfahrenseröffnung (§§ 16 Abs. 2, 28 Abs. 2 und 5 WEG). Die nach §§ 49 InsO, 10ff., 155 ZVG beantragte Vollstreckung scheiterte an § 89 Abs. 1 InsO. Zwar war das Wohnungseigentum aus der Insolvenzmasse ausgeschieden und in die Verwaltungs- und Verfügungsbefugnis des Schuldners zurückgelangt. Damit gehört es allerdings zum „sonstigen Vermögen“ des Schuldners im Sinne des § 89 Abs. 1 InsO. Zustimmend Palandt/Bassenge, § 16 WEG, Rn. 30a; Gehrlein, NZI 2009, 497, 498; Vallender, NZI 2004, 401, 405; Lüke, ZWE 2010, 370, 372; ders. ZWE 2010, 62, 67. Wohl im Ergebnis auch BGH, Urteil vom 19. Januar 2006, IX ZR 232/04, ZInsO 2006, 261, 264.

209 BGH, Beschluss vom 26. September 2002, V ZB 24/02, BGHZ 152, 136, 140 Zustimmend LG Kassel, Beschluss vom 12. April 2007, 3 T 30/07, ZIP 2007, 2370, 2371. Zustimmend wohl auch OLG Düsseldorf, Beschluss vom 28. April 2006, I-3 Wx 299/05, ZInsO 2007, 154, 156: Die Wohngeldschuld ist eine originäre, aus dem Gemeinschaftsverhältnis entspringende Verbindlichkeit des einzelnen Wohnungseigentümers gegenüber der Wohnungseigentümergemeinschaft.

210 Vgl. auch KG, Beschluss vom 20. August 2003, 24 W 142/02, NZM 2004, 383: Das KG hatte sich mit der ordnungsgemäßen Weisung der Wohnungseigentümer an den Hausverwalter zu befassen. Einige Wohnungseigentümer hatten diesen aufgefordert, den Wohngeldanspruch weiterhin gegen den Insolvenzverwalter geltend zu machen.

gleichen[211]. Der Insolvenzverwalter gebe mit der Freigabe auch keine Verbindlichkeiten ohne Einwilligung der Gläubiger frei. Die bereits begründeten Hausgeldforderungen blieben vielmehr Insolvenz- bzw. Masseforderungen. Da nur die nach Freigabe entstehenden Hausgeldforderungen gegen den Schuldner geltend zu machen seien, werden keine Verbindlichkeiten aus der Masse freigegeben[212]. Dem Schuldner dürfe auch nicht die Möglichkeit eingeräumt werden, durch Teilnahme an den Wohnungseigentümerversammlungen an der Erhöhung von Masseverbindlichkeiten mitzuwirken. Mit der Freigabe verhindere der Insolvenzverwalter folglich insbesondere eine Belastung der Masse mit Steuern, Hausgeldzahlungen und Sonderumlagen[213].

(2) Hier sog. „Trennungstheorie“

Nach der hier sog. „Trennungstheorie“ fallen Bruchteilseigentum und die mitgliedschaftliche Stellung des Wohnungseigentümers bei Freigabe der Immobilie auseinander[214]. Die Theorie geht folglich davon aus, dass der Insolvenzverwalter trotz Freigabe des Wohnungseigentums zur Zahlung der Hausgeldforderungen verpflichtet bleibt. Die Freigabe führe nicht zum Erlöschen der Haftung, da sie sich nicht auf die Wohnungseigentümerstellung auswirke. Diese könne nicht freigegeben werden. Die Verpflichtung zur Zahlung der Hausgelder knüpfe an die Rechtsinhaberschaft des Wohnungseigentümers an. Dabei mache es keinen Unterschied, ob der Wohnungseigentümer aus der von der bestehenden Bruchteilsgemeinschaft abgeleiteten Mitgliedschaft oder unmittelbar aus dem Miteigentum zur Zahlung des Hausgeldes verpflichtet ist. Dieser Zahlungspflicht stehe das gesamte Vermögen des Wohnungsinhabers als Haftungsmasse zur Verfügung. Eine Freigabe von Verbindlichkeiten sei ohne Zustimmung der Gläubiger nicht möglich, da es insoweit an einer entsprechenden Vorschrift in der Insolvenzordnung fehle. Wenn und soweit die Masse durch die Forderungen der Wohnungseigentümergemeinschaft überfordert ist, bleibe dem Insolvenzverwalter nur die Anzeige der Masseunzu-

211 Wird die oben sog. „Unmöglichkeitstheorie“ und die hier sog. „Einheitstheorie“ vertreten, verschärft sich die Situation für den Insolvenzschuldner und die Wohnungseigentümer erheblich. Es kämen die Mieteinnahmen auch nach Freigabe weiterhin der Masse zugute. Die Hausgelder wären ausschließlich aus dem pfändungsfreien Vermögen des Schuldners zu zahlen.

212 Lüke, ZWE 2010, 372, 373. Den nach Freigabe entstehenden Hausgeldforderungen fehle der Massebezug. Ders., FS Wenzel, 2004, S. 235, 243.

213 Vgl. Hintzen, ZInsO 2008, 480, 485: Die Wohnungseigentümergemeinschaft könne nach der Freigabe auch die Zwangsversteigerung durchsetzen. Sie sei zur Absonderung berechtigt und zugleich Insolvenzgläubigerin gemäß § 52 InsO.

214 AG Mannheim, Beschluss vom 14. Juli 2004, 4 UR WEG 105/04, ZInsO 2005, 280; AG Mannheim, Urteil vom 4. Juni 2010, 4 C 25/10, NZI 2010, 689ff.

länglichkeit gemäß § 208 InsO[215]. Bewohnt der Schuldner die Wohnung selbst, erspare sich die Masse gemäß § 100 InsO Unterhaltszahlungen, weshalb auch Billigkeitsgründe keine Entlastung der Masse von den Hausgeldzahlungen rechtfertige[216]. Ist die Wohnung fremdvermietet, erhalte die Masse auch nach Freigabe entsprechende Vorteile aus den Mieteinnahmen. Insoweit beschränke sich die Freigabe als Beendigung des Insolvenzbeschlages in Ansehung des Gegenstandes des Wohnungseigentums und damit ausschließlich der zu leistenden dinglichen Lasten, nicht aber der sonstigen Verbindlichkeiten des Schuldners. Auch könne der Schuldner nicht bedingungslos an der Erhöhung von Masseverbindlichkeiten durch Abstimmung bei den Wohnungseigentümerversammlungen mitwirken, da der Insolvenzverwalter selbst an den entsprechenden Versammlungen teilnehmen könne[217]. Es schade im Übrigen nicht, wenn die Verpflichtung der Masse die Verwertungsbemühungen des Insolvenzverwalters intensiviere[218].

(3) Stellungnahme

Die hier sog. „Einheitstheorie“ hat den Vorteil, dass sie das Bruchteilseigentum und die mitgliedschaftlichen Rechte des Wohnungseigentümers zu einer untrennbaren Einheit zusammenfasst. Es ist nicht einzusehen, warum ausgerechnet die Insolvenz des Wohnungseigentümers trotz Freigabe den Vorteil einer dauerhaften Qualifizierung von Hausgeldforderungen als Masseverbindlichkeiten bringen soll[219]. Insoweit sprechen bereits allgemeine Billigkeitserwägungen für eine Verpflichtung des Insolvenzschuldners, Hausgeldansprüche nunmehr aus seinem insolvenzfreien Vermögen zu leisten. Fallen dem Insolvenzschuldner keine finanziellen Vorteile durch das Wohnungseigentum zu, kann nichts anderes gelten. Möglicherweise wollte der Insolvenzschuldner durch den Antrag auf Eröffnung des Insolvenzverfahrens mit gleichsam gestelltem Restschuldbefreiungsantrag sozusagen einen Befreiungsschlag von dauernden Verbindlichkeiten durchführen. Fällt ihm ohne eigenes Zutun nach einer Ermessensentscheidung durch den Insol-

215 AG Mannheim, Urteil vom 4. Juni 2010, 4 C 25/10, NZI 2010, 689, 691.

216 AG Mannheim, Urteil vom 4. Juni 2010, 4 C 25/10, NZI 2010, 689, 690.

217 Das Amtsgericht Mannheim beruft sich in seiner Urteilsbegründung u.a. auf die ständige Rechtsprechung der Finanzgerichte, wonach die Masse ungeachtet einer Freigabe erst dann von der Verpflichtung zur Kraftfahrzeugsteuer frei wird, wenn der Insolvenzverwalter die Haltereigenschaft beendet. Vgl. nur BFH, Urteil vom 16. Oktober 2007, IX R 29/07, ZInsO 2008, 211 m.w.N. Auch dies führe zu Unzuträglichkeiten, was der Freigabe nicht grundsätzlich entgegenstehe. Zum Teilnahmerecht des Insolvenzverwalters an Wohnungseigentümerversammlungen auch Vallender, NZI 2004, 401, 403.

218 AG Mannheim, Urteil vom 4. Juni 2010, 4 C 25/10, NZI 2010, 689, 691.

219 Auch Lüke, ZWE 2010, 372, 374 mit dem ausdrücklichen Hinweis, dass bei Freigabe durch den Insolvenzverwalter gerade keinerlei Vermögensvorteile mehr zur Masse fließen würden. Gebe es diese, würde der Insolvenzverwalter wohl die Freigabe nicht erklären.

venzverwalter das Wohnungseigentum wieder zu, kann dieser Befreiungsschlag ggf. ins Nichts führen. Womöglich ist der Schuldner nicht in der Lage, aus seinem insolvenzfreien Vermögen dauernde Lasten aus dem Wohnungseigentum zu tragen. Die Folge wäre eine erneute Verschuldung und eine Insolvenz in der Insolvenz[220]. Allerdings endet mit Freigabe die Verwaltungs- und Verfügungsbefugnis des Insolvenzverwalters mit Wirkung für die Zukunft, da Grundlage der Verpflichtung das Bestehen von Miteigentum ist, welches nach Freigabe ungeschmälert dem Insolvenzschuldner zusteht. Auch wird der Wohnungseigentümergemeinschaft keine Haftungsmasse entzogen. Vielmehr wird ihr Haftungsmasse geschaffen. Die bereits fällig gewordenen Hausgelder sind und bleiben Insolvenz- bzw. Masseforderungen. Mit Freigabe kann die Gemeinschaft für künftig werdende Hausgelder auf die Miete als insolvenzfreies Vermögen zuzugreifen. Auch steht es ihr nach Freigabe der Wohnung zu, gemäß § 18 Abs. 2 Nr. 2 WEG den Entzug des Wohnungseigentums des Insolvenzschuldners zu betreiben, sofern dieser nach Freigabe die Hausgelder schuldig bleibt. Dies erscheint auch interessengerecht. Die Wohnungseigentümergemeinschaft wird für die Dauer der Zugehörigkeit des Wohnungseigentums gemäß den insolvenzrechtlichen Vorschriften in das Insolvenzverfahren einbezogen. Einen Anspruch auf Zugehörigkeit der Gemeinschaft und damit verbundener dauerhafter Absicherung ihrer Ansprüche hat sie nicht. Nach Freigabe ist sie vielmehr auf die wohnungseigentumsrechtlichen Vorschriften verwiesen.

Für eine Behandlung der Verpflichtung zur Zahlung von Hausgeld wie eine dingliche Belastung gibt es darüber hinaus im Gesetz keine Anhaltspunkte. Das Hausgeld begründet sich aus §§ 28, 16 WEG. Grundlage der Verpflichtung zur Zahlung von Hausgeld ist das gemeinschaftsrechtliche Verhältnis. Genau dies erklärt, warum die Freigabe zu einer Veränderung des haftenden Vermögens führt. Nicht mehr der Schuldner mit seinem insolvenzbefangenen Vermögen, sondern der Schuldner mit seinem insolvenzfreien Vermögen ist nach Freigabe an der Wohnungseigentümergemeinschaft beteiligt. Ihn treffen daher auch die sich aus der Bruchteilsgemeinschaft gemäß §§ 741ff. BGB i.V.m. den Vorschriften des WEG ergebenden Pflichten. Macht man mit der Zulässigkeit der Freigabe ernst, muss es der Masse möglich sein, sich laufenden Hausgeldverpflichtungen zu entziehen. Dies stellt auch keine Benachteiligung der Wohnungseigentümer dar. Es ist nicht Aufgabe der Insolvenzordnung, dem Insolvenzschuldner zu ermöglichen, kostenlos in seiner Wohnung zu verbleiben, keine Leistungen an die Masse zu zahlen und darauf zu vertrauen, dass der Insolvenzverwalter die laufenden Hausgelder aus der Masse begleicht. Sofern man den Schuldner vor Obdachlosigkeit

220 Auch das AG Mannheim ist darauf bedacht, dass der Schuldner nicht über Gebühr in Anspruch genommen werden darf, vgl. AG Mannheim, Urteil vom 4. Juni 2010, 4 C 25/10, NZI 2010, 689ff.

schützen will, kann er ähnlich wie bei der erkauften Freigabe mit dem Insolvenzverwalter einen Mietvertrag schließen, aufgrund dessen er angemessenen Mietzins aus seinem insolvenzfreien Vermögen an die Masse zahlen müsste[221].

c) Haftungsmasse nach Freigabe

Geht man davon aus, dass der Insolvenzschuldner nach Freigabe des Wohnungseigentums für die künftig fällig werden Hausgeldforderungen haftet, stellt sich die Frage, mit welchem Vermögen er für die Forderungen eintreten muss.

§ 89 Abs. 1 InsO nimmt eine Unterteilung in die Insolvenzmasse und das sonstige Vermögen vor. Grundsätzlich gehört das Wohnungseigentum nach Freigabe zum insolvenzfreien bzw. sonstigen Vermögen des Insolvenzschuldners[222]. Die Wohnungseigentümergemeinschaft kann folglich noch während des Insolvenzverfahrens die Zwangsversteigerung des Wohnungseigentums betreiben, aus der sie gemäß § 10 Abs. 1 Nr. 2 ZVG in Rangklasse 2 zu befriedigen ist. Dies gilt in jedem Fall für bereits vor dem Insolvenzverfahren eingetragene Zwangssicherungshypotheken, bei denen aufgrund der Rückschlagsperre gemäß § 88 InsO für den Schuldner grundsätzlich Vollstreckungsschutz eintritt. Dieser Vollstreckungsschutz kann dem Schuldner im laufenden Insolvenzverfahren nach Freigabe nicht zugute kommen, da es zwischen dem rückwirkenden Vollstreckungsschutz gegen Sicherungen an dem zur Insolvenzmasse gehörenden Vermögen und dem Vollstreckungsverbot in das sonstige Vermögen des Schuldners während des Verfahrens keine innere Verbindung gibt[223]. Der Schuldnerschutz schlägt nicht analog zu § 88 InsO ebenfalls zurück und bewirkt insoweit keine Verlängerung des „sonstigen Vermögens“ im Sinne des § 89 Abs. 1 InsO, wenn Gegenstände aus der Masse freigegeben werden. Dies wäre eine nicht zu rechtfertigende Bevorzugung des Schuldners. Dieser könnte nach Freigabe des Wohnungseigentums dieses während der sechsjährigen Wohlverhaltensphase bewohnen und die Zahlung jeglichen Hausgeldes einstellen, ohne dass die Wohnungseigentümergemeinschaft auf das Wohnungseigentum als Haftungsobjekt zugreifen könnte. Eine solche Möglichkeit ist weder im Interesse der Insolvenzordnung noch des Wohnungseigentumsgesetzes.

221 Der Schuldner hätte dann ein Recht zum Besitz. Lüke, FS Wenzel, 2004, S. 235, 246f., auch zu etwaigen Bereicherungs- und Räumungsansprüchen des Insolvenzverwalters gegen den Insolvenzschuldner, wenn dieser ohne irgendwelche Zahlungen in seinem Wohnungseigentum verbleibt.

222 BGH, Urteil vom 21. April 2005, VIII ZR 281/03, NJW 2005, 2015; Bärmann/Becker, § 16 WEG, Rn. 172; BGH, Urteil vom 19. Januar 2006, IX ZR 232/04, ZInsO 2006, 261, 264; MünchKomm/Breuer, 89 InsO, Rn. 18, Kübler/Prütting/Lüke, § 89 InsO, Rn. 14.

223 BGH, Urteil vom 19. Januar 2006, IX ZR 232/04, ZInsO 2006, 261, 264. Zustimmend Thietz-Bartram, ZInsO 2006, 527, 528.

d) Pflicht zur Freigabe gegenüber der Wohnungseigentümergemeinschaft?

Zur Abwendung der nach der Insolvenzeröffnung fortlaufenden Masseverbindlichkeiten in Form der Hausgelder ist weder eine Kündigung noch ein Verzicht auf den Miteigentumsanteil nebst Sondereigentum möglich[224]. Sofern der Insolvenzverwalter die Freigabe des Wohnungseigentums unterlässt und damit bzgl. der fortlaufenden Hausgeldzahlungen Verbindlichkeiten begründet, die erkennbar nicht aus der Masse befriedigt werden können, drängt sich die Frage auf, ob er ggf. gemäß §§ 60 Abs. 1, 61 Satz 1 InsO persönlich von der Wohnungseigentümergemeinschaft in die Haftung genommen werden kann[225].

(1) Hier sog. „Haftungstheorie"

Die hier sog. „Haftungstheorie" entnimmt § 60 InsO eine Pflicht des Insolvenzverwalters, für die Masse ohne Vorteil bringende Gegenstände freizugeben[226]. Kommt der Insolvenzverwalter im Rahmen einer Prüfung über die Verwertbarkeit von Massegegenständen zu dem Ergebnis, dass der Aufwand den zu erwartenden Nutzen übersteigt und der Verbleib des Massegegenstandes zu einer Masseminderung führt, müsse er freigeben[227]. Seine Pflicht zur Freigabe korrespondiere mit der allgemeinen Pflicht, keine Handlungen oder Unterlassungen vorzunehmen, die zu einer Verkürzung der Insolvenzmasse führen.

Nimmt der Verwalter eine Immobilie in Besitz, gehen Rechte und Pflichten auf ihn über. Hierzu gehört auch ein Nutzungsrecht, dem im Wohnungseigentumsrecht die Verpflichtung zur anteiligen Kostentragung gemäß § 16 WEG gegenübersteht. Es stehe insoweit einer Rechtshandlung gleich, wenn es der Insolvenzverwalter pflichtwidrig unterlässt, eine Wohnung aus der Insolvenzmasse freizugeben, die lediglich Masseverbindlichkeiten begründet, ohne Einkünfte für die Insolvenzmasse zu erzielen[228]. Führt man diese Ansicht konsequent fort, könnte sich ein Schadensersatzanspruch der Wohnungseigentümergemeinschaft gegen den Insolvenzverwalter ergeben, wenn die Gemeinschaft aufgrund unterlassener Freigabe

224 Vgl. BGH, Beschluss vom 14. Juni 2007, V ZB 18/07, NJW 2007, 2547.

225 Bisweilen unstreitig ist, dass sich der Insolvenzverwalter gegenüber der Masse schadensersatzpflichtig machen kann, wenn die Freigabe zur Schonung der Masse zu einer Amtspflicht wird. Vgl. Lüke, FS Wenzel, 2004, S. 235, 237f.; Kübler/Prütting/Lüke, § 60 InsO, Rn. 31.

226 MünchKomm/Brandes, §§ 60, 61 InsO, Rn. 16; Braun/Gerbers, § 148 InsO, Rn. 9; OLG Düsseldorf, Beschluss vom 28. April 2006, I-3 Wx 299/05, ZInsO 2007, 154, 156.

227 Vgl. Kübler/Prütting/Lüke, § 80 InsO, Rn. 58; Höpfner, ZIP 2000, 1517, 1518.

228 BGH, Beschluss vom 3. April 2003, IX ZR 101/02, NZI 2003, 369, 371; Bärmann/Becker, § 16 WEG, Rn. 174.

nicht auf das Wohnungseigentum wegen ausstehender Hausgeldzahlungen zugreifen kann[229].

(2) Hier sog. „Freistellungstheorie"

Die hier sog. „Freistellungstheorie" lehnt eine Haftung des Insolvenzverwalters wegen unterlassener Freigabe ab[230]. Es besteht nicht zwingend eine Parallele zwischen den Verpflichtungen aus einem Wohnungseigentumsverhältnis oder sonstigen Verpflichtungen und der für Mietverhältnisse geltenden Normen des Insolvenzrechts (vgl. § 209 Abs. 2 Nr. 2 und 3 InsO). Nur in der Insolvenz des Mieters sehe § 109 Abs. 1 InsO die Möglichkeit der Freigabe mit der Folge einer subsidiären Haftung der Masse für künftig fällig werdende Mietverbindlichkeiten vor[231]. Die Haftungstheorie könne schon deshalb nicht durchgreifen, weil es an der für § 61 InsO erforderlichen „Rechtshandlung" fehle.

Keinesfalls hafte der Insolvenzverwalter aber gegenüber Dritten aufgrund unterlassener Freigabe. Dies treffe namentlich auf das Wohnungseigentumsverhältnis zu. Zum Schutze der Wohnungseigentümergemeinschaft bestehe keine Verpflichtung des Verwalters zur Freigabe. Dies gelte auch, wenn der Verwalter voraussehen musste, dass er künftige Hausgelder nicht aus der Masse begleichen kann[232]. Insoweit handele es sich um oktroyierte Masseverbindlichkeiten, für die Verwalter auch nach § 61 InsO nicht einzustehen habe[233]. Die Freigabe diene insoweit nur dem Schutz der Masse und nicht dem Schutz des Gegenübers. Die Freigabe stehe im Ermessen des Verwalters, insbesondere wenn es abzuwägen gilt, inwieweit der Masse evtl. eine freie Vermögensspitze entgeht. Folglich bestehe weder ein Anspruch der Insolvenzgläubiger noch Dritter auf Freigabe. Im Übrigen fehle es an einem Schaden, da bei Freigabe von Wohnungseigentum die Wohngeldansprüche gegen den insolventen Eigentümer ebenfalls nicht realisierbar wären. Die Wohnungseigentümer müssten vielmehr die Situation mit den Mitteln des Wohnungseigentumsrechts lösen.

229 So AG Wedding, Urteil vom 16. Mai 2008, 15a C 36/08, ZMR 2008, 751, 752f.
230 Lüke, ZWE 2010, 62, 66; LG Stuttgart, Urteil vom 23. April 2008, 10 S 5/07, NZI 2008, 442, 443; Uhlenbruck/Sinz, § 61 InsO, Rn. 8; Pape, ZfIR 2007, 817ff.
231 Lüke, FS Wenzel, 2005, S. 235, 244ff.
232 Kübler/Prütting/Lüke, § 60 InsO, Rn. 61a.
233 Uhlenbruck/Sinz, § 61 InsO, Rn. 8.

(3) Stellungnahme

Bei der Freigabe handelt es sich nicht um eine haftungsbewehrte Pflicht des Insolvenzverwalters, deren Erfüllung Dritte von ihm einfordern können und auf die sie unter bestimmten Voraussetzungen einen Anspruch haben. Tatsächlich geht es bei der Freigabe nicht darum, dass der Insolvenzverwalter verpflichtet ist, einen Gegenstand aus der Insolvenzmasse zu entlassen. Vielmehr handelt es sich um eine freie und ungebundene Entscheidung des Insolvenzverwalters, zu der er sich entschließen kann. Ein Anspruch auf Freigabe eines Gegenstandes gegen den Verwalter besteht nicht[234]. Vielmehr ist es ausschließlich dessen Sache, zu entscheiden, ob er einen Gegenstand wieder der Verwaltungs- und Verfügungsbefugnis des Schuldners unterstellt[235]. Wenn außenstehende Dritte keinen Anspruch gegenüber dem Insolvenzverwalter auf Freigabe eines Gegenstandes aus der Insolvenzmasse haben, kann aus der Unterlassung der Freigabe auch kein Schadensersatzanspruch abgeleitet werden. Dies gilt sowohl für § 60 InsO als auch für § 61 InsO. Ein solcher Anspruch ist dem Gesetz nicht bekannt.

e) Zwischenergebnisse

Gibt der Insolvenzverwalter Wohnungseigentum aus der Masse frei, ist es dem insolvenzfreien Vermögen des Schuldners zuzuordnen. Der Schuldner ist ab Freigabe verpflichtet, Hausgeldansprüche aus seinem insolvenzfreien Vermögen zu zahlen. Bereits fällig gewordenen Hausgelder sind und bleiben Insolvenz- bzw. Masseforderungen. Mit Freigabe kann die Gemeinschaft für künftig werdende Hausgelder auf die Miete als insolvenzfreies Vermögen zuzugreifen. Auch steht es ihr nach Freigabe der Wohnung zu, gemäß § 18 Abs. 2 Nr. 2 WEG den Entzug des Wohnungseigentums des Insolvenzschuldners zu betreiben, sofern die Voraussetzungen hierfür nach Freigabe neu geschaffen werden. Ein Vollstreckungsschutz gemäß § 89 InsO steht dem Schuldner nach Freigabe nicht mehr zu. Der Schuldnerschutz schlägt nicht analog zu § 88 InsO zurück und bewirkt insoweit keine Verlängerung des „sonstigen Vermögens" im Sinne des § 89 Abs. 1 InsO. Die Freigabe begründet keine haftungsbewehrte Pflicht des Insolvenzverwalters gegenüber Dritten. Ein Anspruch auf Freigabe eines Gegenstandes gegen den Verwalter besteht daher nicht. Es kann damit auch kein Schadensersatzanspruch wegen unterlassener Freigabe gegen den Verwalter geltend gemacht werden.

234 BGH, Urteil vom 21.10.2010, IX ZR 220/09, DZWIR 2011, 204, 205.

235 So auch BGH, Urteil vom 21. April 2005, VIII ZR 281/03, NJW 2005, 1215, 1216; BGH, Urteil vom 19. Januar 2006, IX ZR 232/04, NJW 2006, 1286, 1288.

V. Die Möglichkeiten der Rückgängigmachung der Freigabe

Stellt sich nach der Freigabe heraus, dass durch eine Verwertung des freigegebenen Vermögensgegenstandes die Masse doch hätte gemehrt werden können, steht der Insolvenzverwalter vor dem Problem, ob die Freigabe nicht rückgängig gemacht werden kann. Jedenfalls hat der Insolvenzverwalter bereits aus haftungsrechtlichen Gründen ein Interesse daran, die Freigabe zumindest wirtschaftlich zu kompensieren. Die fehlerhafte Freigabeentscheidung führt grundsätzlich gemäß § 60 InsO zu einer persönlichen Schadensersatzpflicht des Insolvenzverwalters.

1. Unwirksamkeit einer Freigabeerklärung?

Die Freigabeerklärung ist nicht schon deswegen unwirksam, weil sie unzweckmäßig oder unrichtig war[236]. Die in der Freigabe liegende Verfügung ist folglich ebenso nicht deshalb nichtig, weil sie objektiv keinen Vorteil für die Masse bringt oder aber einer anderen Maßnahme dem Verfahren besser gedient hätte. Widerspricht die Freigabe ganz offensichtlich dem Insolvenzzweck, wie dies bei Schenkungen aus der Masse der Fall sein kann, ist sie allerdings unwirksam[237]. Es wird dem Insolvenzverwalter daher regelmäßig schwer fallen eine Unwirksamkeit der Freigabe von Immobilienvermögen zu begründen, selbst wenn die Freigabeerklärung offensichtlich dem Insolvenzzweck einer gleichmäßigen Befriedigung der Gläubiger nicht dienlich und dies offensichtlich ist[238]. Die Unwirksamkeit der Freigabe aus rein wirtschaftlichen Gründen lässt sich daher regelmäßig nicht begründen.

2. Anfechtbarkeit der Freigabe?

Die allgemeinen Regeln der Anfechtung gelten für alle Willenserklärungen, damit auch für die Freigabeerklärung. Allerdings führt der Irrtum über wirtschaftliche Verhältnisse des freigegebenen Vermögensgegenstandes grundsätzlich nicht zu einer Anfechtungsmöglichkeit durch den Insolvenzverwalter. Gibt der Verwalter einen Vermögensgegenstand frei, weil er irrig davon ausgeht, dieser gehöre nicht nur Masse, sondern ein Gläubiger sei aussonderungsberechtigt, kann er diese Herausgabe nicht gemäß § 119 anfechten. Insoweit unterliegt der Insolvenzverwalter

236 BGH, Beschluss vom 13. Januar 1983, III ZB 88/81, NJW 1983, 2018.
237 Kalter, KTS 1975, 1, 11.
238 Anders, aber ohne nähere Begründung wohl Höpfner, ZIP 2000, 1517, 1519.

einem unbeachtlichen Motivirrtum[239]. Ansonsten geltend die Anfechtungsgründe der §§ 119, 123 BGB vollumfänglich auch für die Freigabe[240].

3. Rücknahmemöglichkeit durch Widerruf?

Eine gesetzliche Rücknahmemöglichkeit der Freigabeerklärung gibt es nicht. Aus gründen der Rechtssicherheit ist die Freigabeerklärung unwiderruflich[241]. Eine einmal abgegebene Freigabeerklärung wirkt daher für die gesamte Dauer des Insolvenzverfahrens[242].

4. Vertragliche Vereinbarungen über die Rücknahme der Freigabe

Die Vereinbarung einer Rücknahmemöglichkeit steht dem Insolvenzverwalter grundsätzlich zur Verfügung. Die Gestaltungsformen solcher vertraglichen Vereinbarungen sind mannigfaltig. Es soll dem Insolvenzverwalter beispielsweise möglich sein, die Freigabe unter der aufschiebenden Bedingung zu erklären, dass eine Altlastenkontamination des Grundstücks festgestellt wird[243]. Die Freigabeerklärung wird dann gemäß § 158 Abs. 1. BGB erst wirksam, wenn festgestellt ist, dass das Grundstück tatsächlich kontaminiert ist. Gegen die Möglichkeit einer Freigabe von Grundeigentum unter einer aufschiebenden Bedingung könnte § 925 Abs. 2 BGB sprechen. Ob und inwieweit die Norm direkt oder analog anwendbar ist, bedürfte einer genaueren Untersuchung.

Freilich ist auch der umgekehrte Fall denkbar, dass gemäß § 158 Abs. 2 BGB vereinbart wird, dass die Freigabe unter der auflösenden Bedingung erklärt wird, dass keine Altlastenkontamination festgestellt wird. Die Zulässigkeit einer solchen bedingten Freigabeerklärung stößt auf erhebliche Bedenken. Das Schicksal des freigegebenen Vermögensgegenstandes und die mit ihm zusammenhängenden

239 Der Verwalter irrt lediglich über die Verwertbarkeit. Vgl. Uhlenbruck/Hirte, § 35 InsO, Rn. 23; Höpfner, ZIP 2000, 1517, 1520; MünchKomm/Lwowski/Peters, § 35 InsO, Rn. 100.

240 So sind sämtliche Fälle des Verschreibens oder des Versprechens etc. ebenso denkbar, wie auch eine Anfechtung wegen arglistiger Täuschung gem. § 123 BGB. Vgl. Nährlich/Römermann/Wittkowski, § 80 InsO, Rn. 96; MünchKomm/Lwowski/Peters, § 35 InsO, Rn. 100; a.A. Uhlenbruck/Hirte, § 35 InsO, Rn. 23.

241 Bereits RG, Urteil vom 3. Februar 1905, VII 497/04, RGZ 60, 107, 109; zuletzt LG Krefeld, Urteil vom 24. Februar 2010, 2 O 346/09, NZI 2010, 485, 486. Ebenso MünchKomm/Lwowski/Peters, § 35 InsO, Rn. 100; Höpfner, ZIP 2000, 1517, 1520; Emmert, jurisPR-MietR 11/2010, Anm. 6. Die allgemeine Regel über den Widerruf gem. § 130 Abs. 1 S. 2 BGB ist zwar anwendbar, wird aber in der Praxis nicht vorkommen.

242 Haarmeyer, ZInsO 2007, 696, 697. Auch Schmerbach, InsbürO 2007, 202, 210. Ebenso Henckel, FS Kreft, 2004, S. 291, 304.

243 Höpfner, ZIP 2000, 1517, 1520.

Rechte und Pflichten sowie Vertragsverhältnisse, steuerlichen Pflichten etc. sind für den Fall der echten Freigabe bisher kaum oder aber überhaupt nicht geklärt. Für die aufschiebende Bedingung stellt sich darüber hinaus die Frage, wie ggf. mit den Rechten und Pflichten aus dem freigegebenen Vermögensgegenstand verfahren werden muss zwischen dem Zeitpunkt der bedingten Freigabe und dem Eintritt der Bedingung. Gleiches gilt für eine vor Freigabeerklärung zwischen Insolvenzverwalter und Schuldner getroffene Vereinbarung, nach der sich der Schuldner zur Rückübertragung der Verwaltungs- und Verfügungsbefugnis verpflichtet, wenn der Insolvenzverwalter dies verlangt. Letztlich liegt einer solchen vertraglichen Vereinbarung der Gedanke zu Grunde, dass mit Eintritt einer Bedingung – nämlich der Verwertbarkeit des freigegebenen Vermögensgegenstandes – der Insolvenzverwalter die Rückübertragung der Verwaltungs- und Verfügungsbefugnis von dem Schuldner verlangt. Die Dauerhaftigkeit der Freigabe ist gerade nicht gegeben[244]. Die mit einer vertraglichen Verpflichtung des Schuldners zur Rückübertragung erklärte Freigabe ist daher keine echte Freigabe.

Möchte der Insolvenzverwalter nach Freigabeerklärung den Vermögensgegenstand für die Masse zurück gewinnen, steht einer vertraglichen Vereinbarung mit dem Schuldner bzgl. der Rückübertragung des Vermögensgegenstandes allerdings nichts im Wege. Sie wird nur praktisch kaum gelingen. Erkennt der Schuldner die Möglichkeit, durch Verwertung des freigegebenen Vermögens einen Erlös zu erzielen, wird er diese gewonnene wirtschaftliche Liquidität nicht gleichsam verschenken. Insoweit kann meines Erachtens allerdings nicht von einem unkooperativen Schuldner gesprochen werden, da den Schuldner weder rechtliche noch moralische Verpflichtungen treffen, einer Rückgängigmachung der Freigabe zuzustimmen[245].

Interessant und sinnvoll kann daher die wohl nur von Höpfner vorgeschlagene Verpflichtung zum Unterlassen einer Verfügung gem. § 137 Satz 2 BGB sein[246]. Hierbei verpflichtet sich der Schuldner vor Freigabe des Vermögensgegenstandes gegenüber dem Insolvenzverwalter, Verfügungen über das freigegebene Vermögen zu unterlassen. Eine solche Verpflichtung ist gem. § 137 Satz 2 BGB schuldrechtlich wirksam. Die schuldrechtliche Vereinbarung hindert den Schuldner gem. § 137 Satz 1 BGB allerdings nicht, dennoch über den freigegebenen Gegenstand zu verfügen. Ergibt sich folglich eine Verwertbarkeit des freigegebenen Gegenstands nach Freigabe kann der Schuldner als Eigentümer im Besitz der Verwaltungs- und Verfügungsbefugnis unmittelbar die Verwertung des freigegebenen Vermögensgegenstandes einleiten. Eine Schadensersatzpflicht des Schuldners gem. § 137 Satz 2 BGB gegenüber dem Insolvenzverwalter ergibt sich durch die

244 Höpfner, ZIP 2000, 1517, 1521.
245 So aber Höpfner, ZIP 2000, 1517, 1518.
246 Höpfner, ZIP 2000, 1517, 1521f.

Verwertung des freigegebenen Vermögensgegenstandes gerade nicht, weil der Masse aufgrund der erklärten echten Freigabe kein Schaden entstanden ist. Da der Insolvenzverwalter weder Eigentümer des freigegebenen Gegenstandes ist noch er die Verwaltungs- und Verfügungsbefugnis inne hat, steht ihm kein Recht an dem freigegebenen Gegenstand zu, so dass die Verwertung durch den Schuldner keinen Schaden auf Seiten des Insolvenzverwalters entstehen lässt. Vereinbart der Insolvenzverwalter allerdings mit dem Schuldner neben der Verpflichtung zum Unterlassen einer Verfügung für den Fall der Verfügung eine Vertragsstrafe, kann dennoch ein Vorteil für die Masse gezogen werden. Die Vertragsstrafe wäre für diesen Fall eine Art Provision, die der Schuldner an die Masse zu zahlen hat. Als Vertragsstrafe bietet sich beispielsweise eine prozentuale Beteiligung an dem dem Schuldner verbleibenden Erlös an[247]. Eine solche Vereinbarung berührt die Wirksamkeit der Freigabe nicht. Auch liegt kein unwirksames Umgehungsgeschäft vor. Vielmehr sind sich Verwalter und Insolvenzschuldner darüber einig, dass im Falle der Verwertbarkeit beide Beteiligten (Schuldner und Gläubigergemeinschaft) von dem Erlös profitieren sollen. Ob der Insolvenzverwalter eine solche vertragliche Vereinbarung gegenüber dem Schuldner durchsetzen kann, muss die Praxis zeigen. Der Schuldner wird in bestimmten Fallkonstellationen überhaupt kein Interesse an der Freigabeerklärung haben. Es wird ihm schwerlich klar zu machen sein, dass er trotz Freigabe dann auch noch einen möglichen Verwertungserlös teilen soll.

5. Unwirksamkeit der Freigabeerklärung, § 35 Abs. 2 Satz 3 InsO

Das Insolvenzgericht kann gemäß § 35 Abs. 2 Satz 3 InsO auf Antrag des Gläubigerausschusses bzw. der Gläubigerversammlung die Unwirksamkeit einer Freigabeerklärung anordnen. Dem Gläubigerausschuss steht dabei nicht ein Genehmigungsrecht im weitesten Sinne zu. Vielmehr hat er seine Entscheidung zu begründen und diese Begründung seinem Antrag beim Insolvenzgericht beizulegen[248]. Die Regelung des § 35 Abs. 2 Satz 3 InsO ist nicht abschließend und kann auf sonstige Freigabeerklärungen übertragen werden. Die Mitspracherechte der Gläubiger werden fortlaufend gestärkt. Die letzte Insolvenzrechtsreform hat der Autonomie der Gläubiger großes Gewicht verschafft. Diese Gläubigerautonomie ist ein und wenn nicht sogar die wesentliche Diskussionsgrundlage der anstehenden Insolvenzrechtsreform[249]. Vor diesem Hintergrund ist nicht zu erkennen, warum die

247 Eine solche Vertragsstrafe kann durch eine Hypothek abgesichert werden. MünchKomm/Mayer/Maly, § 137 InsO, Rn. 31a.

248 MünchKomm/Lwowski/Peters, § 35 InsO, Rn. 47.

249 Vgl. nur Hellmich, ZInsO 2007, 739: Die Interessen der Gläubiger dürfen nicht der Verfahrensökonomie geopfert werden.

sonst gesetzlich nicht geregelte Freigabe nicht durch die Gläubigerversammlung analog § 35 Abs. 2 Satz 3 InsO für unwirksam erklärt werden kann.

Stellt sich im Laufe des Verfahrens heraus, dass eine freigegebene Immobilie für die Masse doch profitabel gewesen wäre, genügt dies für einen Antrag nach § 35 Abs. 2 Satz 3 InsO nicht[250]. Der Gesetzgeber hatte sich bewusst gegen eine Genehmigungspflicht des Gläubigerausschusses bzw. der Gläubigerversammlung entschieden, um dem Verwalter die Freigabe schon vor der ersten Gläubigerversammlung zu ermöglichen[251]. Vor diesem Hintergrund steht dem Gläubigerausschuss bzw. der Gläubigerversammlung nur ein unverzügliches Recht (ohne schuldhaftes Zögern im Sinne des § 121 Abs. 1 Satz 1 BGB) auf Unwirksamkeitserklärung zu. Er bzw. sie hat dieses Recht spätestens in der ersten Gläubigerversammlung nach Freigabe auszuüben. Unberührt von dieser zeitlichen Einschränkung bleibt freilich die Möglichkeit der Anfechtung bspw. aufgrund falscher Angaben des Schuldners.

6. Zwischenergebnisse

Eine Freigabeerklärung durch den Insolvenzverwalter ist grundsätzlich gemäß den allgemeinen Anfechtungsregeln der §§ 119, 123 BGB anfechtbar. Der Irrtum über den Wert einer Immobilie oder über ihre Zugehörigkeit zum Insolvenzvermögen ist allerdings ein unbeachtlicher Motivirrtum. Aus gründen der Rechtssicherheit ist die Freigabeerklärung auch unwiderruflich. Vertragliche Vereinbarungen über die Rücknahme der Freigabe sind möglich, wobei die Freigabe unter einer Bedingung keine echte Freigabe mit der Folge der Entlassung der Masse aus der Haftung darstellt. Die Vereinbarung eines Verfügungsverbots über die freigegebene Immobilie i.V.m. einer Vertragsstrafe für den Fall der widerrechtlichen Verfügung durch den Schuldner ist wirksam und kann grundbuchrechtlich abgesichert werden. Auf diese Weise kommt der Masse ein Teil des Verwertungserlöses zugute. § 35 Abs. 2 Satz 3 InsO ist keine abschließende Regelung, sondern auch auf die Freigabe einzelner Vermögensgegenstände anzuwenden. Der Gläubigerausschuss kann daher

250 So aber ohne nähere Begründung Haarmeyer, ZInsO 2007, 696, 698. Dem folgend wohl auch Zipperer, ZVI 2007, 541, 543, der dem Gläubigerausschuss die grundsätzliche Möglichkeit einräumen will, die Freigabeerklärung des Insolvenzverwalters für unwirksam erklären zu lassen. Schließlich Heinze, ZVI 2007, 349, 356, der zwar das praktische Problem sieht und richtigerweise darauf abstellt, das die Gläubigerversammlung regelmäßig nur zum Berichts- und Prüfungstermin am Anfang des Verfahrens und zum Schlusstermin an dessen Ende tagt. Dies allein sagt aber nichts darüber aus, dass gerade deshalb spätestens in diesen Terminen ein entsprechender Antrag gestellt werden muss. Ohne zeitliche Beschränkung, Ries, ZInsO 2009, 2030, 2034.

251 MünchKomm/Lwowski/Peters, § 35 InsO, Rn. 47.

jeder Freigabe durch den Insolvenzverwalter widersprechen, wenn er dies unverzüglich und damit ohne schuldhaftes Zögern macht.

C. Die Restschuldbefreiung im Verhältnis zur Freigabe

Die bisherige Untersuchung hat gezeigt, unter welchen Voraussetzungen die Freigabe von Immobilienvermögen im Insolvenzverfahren natürlicher Personen zulässig ist und welche Rechtsfolgen sich daraus ergeben. Dabei ist zum Vorschein gekommen, dass der Schuldner gegen seinen Willen während einer Wohlverhaltensphase nach den §§ 286ff. InsO derart stark belastet werden kann, dass ihm die nach sechsjähriger Dauer erteilte Restschuldbefreiung nicht mehr viel nützt. Von daher sind die berechtigten Gläubigerinteressen auf Schonung der Masse und einer möglichst hohen Befriedigungsquote sowie das berechtigte Schuldnerinteresse auf einen schuldenfreien Neustart gegeneinander abzuwägen und Wege aufzuzeigen, wie sich eine solche Interessenkollision auflösen kann.

I. Das Problem des Schuldners

Während der Insolvenzverwalter mit der Freigabe die Möglichkeit hat, die Masse von den Belastungen einer unverwertbaren und kostenauslösenden Immobilie zu entlasten, kann diese für die Gläubigergemeinschaft wohlgemeinte Entscheidung für den Insolvenzschuldner fatale Folgen haben. Sie bewirkt, dass der Schuldner ab sofort wieder mit seinem insolvenzfreien Vermögen Nutzen und Lasten der Immobilie zu tragen hat. Mit dem Nutzen wird es jedoch nicht weit her sein, wenn man bedenkt, dass ein zuvor rechts- und fachkundiger Insolvenzverwalter mangels Nutzen für die Masse die Immobilie gerade frei gegeben hat. Die aus der Immobilie neu entstehenden Verbindlichkeiten werden nicht vom Insolvenzverfahren und einer sich anschließenden Restschuldbefreiung umfasst. Der Schuldner wird gerade nur von Forderungen frei, die zur Zeit der Eröffnung des Insolvenzverfahrens begründet waren, vgl. §§ 301 Abs. 1, 38 InsO. Liegt Wohnungs- oder Teileigentum vor, kann sich der Schuldner etwaigen Inanspruchnahmen nicht durch Dereliktion entziehen[252]. Hinsichtlich seiner Verpflichtungen aus dem mit der Freigabe ebenso übergangenen Mietverhältnis würde ihm darüber hinaus auch eine Dereliktion nichts nützen.

Die Freigabe kann folglich dazu führen, dass der Schuldner derart in die Haftung genommen wird, dass er bis zum Ende der sechsjährigen Wohlverhaltensphase so viele neue Schulden angesammelt hat, dass die Restschuldbefreiung für ihn prak-

252 Ebenso deutlich wohl nur Roth, ZInsO 2007, 757, 759.

tisch bedeutungslos bzw. wertlos wird[253]. Während beispielsweise in den Bereichen der §§ 109 Abs. 1 Satz 2, 35 Abs. 2 InsO das schutzwürdige Interesse des Schuldners auf einen Neuanfang deutlich erkannt und zufriedenstellend gelöst wurde[254], ist für den Bereich der Insolvenz des Immobilienbesitzers bisher kaum eine Diskussion angestoßen.

II. Die Reaktionsmöglichkeiten des Schuldners

Bevor man Freigabe und Restschuldbefreiung miteinander in Einklang zu bringen versucht, sind sämtliche dem Schuldner zur Verfügung stehenden Mittel zu prüfen, mit denen er der Freigabe begegnen kann.

1. Aufgabe von Eigentum an einem Grundstück

Die Aufgabe an einem Grundstück, gleich ob bebaut oder unbebaut ist unproblematisch gemäß § 928 Abs. 1 BGB möglich. Für die Aufgabe ist lediglich eine Verzichtserklärung gegenüber dem Grundbuchamt und die Eintragung des Verzichts in das Grundbuch nötig[255]. Das Recht zum Verzicht auf das Eigentum ergibt sich aus der Befugnis des Eigentümers gemäß § 903 BGB mit der Sache nach Belieben zu verfahren, soweit nicht Gesetz oder Rechte Dritter entgegenstehen[256]. Das Recht zur Aufgabe an einem Grundstück ist damit auch Bestandteil der Eigentumsgarantie des Art. 14 Abs. 1 GG. Dies folgt aus dem grundgesetzlichen Verständnis, dass Eigentum privatnützig sein muss, d. h. dem Eigentümer von Nutzen sein, um seine Lebensführung zu ermöglichen oder wirtschaftlich zu verbessern[257]. Der Eigentümer muss im Umkehrschluss die Möglichkeit haben, sich von Rechtspositionen trennen zu können, die das Kriterium der Privatnützigkeit nicht mehr erfüllen.

253 Diese Problematik aufgreifend bisher wohl nur Pape, AnwBl 2008, 494, 499f. Bei ähnlichen Problemkreisen wird das Dilemma des Schuldners durchaus erkannt und in seinem Sinne gelöst. Nach einer erst jüngst ergangenen Entscheidung des Verwaltungsgerichts Neustadt soll bspw. die Sperrwirkung des § 12 GewO nicht auf eine Prognose der gewerblichen Unzuverlässigkeit wegen ungeordneter Vermögensverhältnisse gestützt werden, die zur Eröffnung des Insolvenzverfahrens geführt haben oder damit im engen Zusammenhang stehen. Der Schuldner erfährt folglich eine klare Zäsur, die ihm in gewerberechtlicher Hinsicht einen echten Neuanfang erlaubt. Vgl. VG Neustadt, Beschluss vom 15. Januar 2013, 4 L 1076/12.NW, juris.

254 Statt aller Uhlenbruck/Wegener, § 109 InsO, Rn. 14.

255 Palandt/Bassenge, § 928 BGB, Rn. 2.

256 Vgl. LG Koblenz, Beschluss vom 2. September 2002, 2 T 543/02, NJW-RR 2003, 234; Staudinger/Pfeifer, § 928 BGB, Rn. 2.

257 Vgl. Roth, ZInsO 2007, 757.

Gehört zur Insolvenzmasse Grundvermögen, welches bei der Freigabe mit Umweltgefahren belastet ist, kann sich der Schuldner regelmäßig in Form der Dereliktion gem. § 928 Abs. 1 BGB einer Inanspruchnahme entziehen. Durch die Dereliktion wird das Grundvermögen herrenlos. Es ist dann Aufgabe der Allgemeinheit, sich des herrenlosen Grundstückes zu bemächtigen und ggf. zu entkontaminieren. Hat der Schuldner seinen Insolvenzantrag mit einem Restschuldbefreiungsantrag verbunden und gibt der Insolvenzverwalter zu Lasten des Schuldners Grundvermögen aus der Masse frei, kann der Schuldner folglich durch Dereliktion sein Ziel der Restschuldbefreiung weiter verfolgen. Er muss nicht befürchten, dass er aufgrund neuer Haftungsbescheide in Anspruch genommen wird, die nach Insolvenzeröffnung ergehen und damit Neuverbindlichkeiten des Schuldners wären.

2. Die Aufgabe von Miteigentumsanteilen und Wohnungseigentum

Nach langer Diskussion hat der Bundesgerichtshof mit seinen Beschlüssen vom 10. Mai 2007[258] und 14. Juni 2007[259] festgestellt, dass ein Verzicht auf Wohnungseigentum und Teileigentum unzulässig ist. Die Rechtsfolgen einer Dereliktion an Wohnungseigentum bzw. Miteigentum sind mit den sachen- und schuldrechtlichen Regelungen nicht in Einklang zu bringen. Jeder Miteigentümer ist bis zur gesetzeskonformen Aufhebung der Gemeinschaft an die wechselseitigen Rechte und Pflichten gebunden[260]. Eine einseitige Beendigung der Gemeinschaft sieht das Gesetz weder für die Bruchteilsgemeinschaft (vgl. § 749 BGB) noch für die Wohnungseigentümergemeinschaft vor (vgl. § 11 WEG). Den Miteigentümern ist nicht zuzumuten, dass ihnen ohne gesetzeskonforme Auflösung der Gemeinschaft ein Haftungssubjekt verloren geht, für dessen Anteile sie anteilig aufkommen müssen, ohne dass ihnen als Gegenleistung der aufgegebene Anteil zufällt[261].

3. Erhöhung des Pfändungsfreibetrages

Gelingt dem Schuldner die Eigentumsaufgabe nicht, kann er grundsätzlich einen Antrag auf Erhöhung seines Pfändungsfreibetrages beim Insolvenzgericht stellen, damit er die erhöhten Belastungen aus der freigegeben Immobilie wirtschaftlich

258 BGH, Beschluss vom 10. Mai 2007, V ZB 6/07, BGHZ 172, 209ff.
259 BGH, Beschluss vom 14. Juni 2007, V ZB 18/07, BGHZ 172, 338ff.
260 Zustimmend Demharter, NJW 2007, 2548, 2549.
261 A.A. Kanzleiter, NJW 1996, 905, 906; Roth, ZInsO 2007, 757, 758, der gerade in dem Verzicht eine zulässige Verfügung sehen will, die sich aus der grundgesetzlichen Eigentumsgewährleistung ergebe. Vielmehr liege in dem Verbot des Verzichts eine Verletzung des Abstraktionsprinzips.

leisten kann. Diese Maßnahme käme vor allem für die ggf. zu tragenden Hausgelder in Betracht. Das Insolvenzgericht wird sich einem solchen Antrag nicht grundsätzlich verstellen. Andererseits ist es der Gläubigergemeinschaft schwerlich begründbar, die der Gemeinschaft zur Verfügung stehende Haftungsmasse während der Wohlverhaltensphase zu verkürzen, damit der Schuldner Verpflichtungen für seine Immobilie erfüllen kann.

Insbesondere macht ein entsprechender Antrag freilich nur dann Sinn, wenn der Schuldner überhaupt über regelmäßiges Einkommen verfügt, welches nennenswert seinen persönlichen Pfändungsfreibetrag überschreitet. Damit ist diese Lösung nicht generell tauglich, das Problem des Schuldners zu beseitigen. Würde man es auf der Möglichkeit der Erhöhung des Pfändungsfreibetrages beruhen lassen, wäre gerade dem Schuldner nicht geholfen, der am Wenigsten hat.

4. Erneutes Insolvenzverfahren

Wie gezeigt stellt sich nicht nur im Rahmen des § 35 Abs. 2 InsO die Frage nach der Insolvenz in der Insolvenz. Der Schuldner kann regelmäßig durch die Freigabe von Immobilienvermögen derart belastet werden, dass er Kosten aus seinem pfändungsfreien Vermögen tragen muss, was ihm faktisch nicht möglich sein wird. Die Frage nach der Eröffnung eines Insolvenzverfahrens nicht nur über den Neuerwerb einer freigegebenen schuldnerischen Tätigkeit bleibt im Raum, sondern darüber hinaus die Möglichkeit eines erneuten Insolvenzverfahrens aufgrund des freigegebenen Grundvermögens. Echte Gründe gegen die Zulässigkeit eines erneuten Insolvenzantrages wegen eines freigegebenen Gegenstandes lassen sich wie auch im Rahmen des § 35 Abs. 2 InsO nicht finden[262]. Dies hat die Rechtsprechung nach der Insolvenzrechtsreform fortlaufend bestätigt[263].

Ohne auf die nähere Problematik der Gläubigergleichbehandlung im ersten und zweiten Insolvenzverfahren und die Notwendigkeit einzugehen, eine Abgrenzung zwischen den Haftungsmassen der Erst- und der Zweitinsolvenz festzulegen[264], wird die Zweitinsolvenz bedingt durch die Freigabe von Immobilienvermögen dem Schuldner nichts nutzen. Der Treuhänder im Restschuldbefreiungsverfahren wird die Immobilie wieder freigeben, vorausgesetzt an der wirtschaftlichen Situation hat

262 Vgl. hierzu Zipperer, ZVI 2007, 541, 542 m.w.N. Anders aber die einhellige Rechtsprechung noch vor Einführung des § 35 Abs. 2 InsO. Vgl. BGH, Beschluss vom 18. Mai 2004, IX ZB 189/03, NZI 2004, 444; BGH, Beschluss vom 20. März 2003, IX ZB 388/02, NJW 2003, 2167, 2170. Lesenswert für den Weg über § 203 Abs. 1 Nr. 2 InsO vor Einführung des § 35 Abs. 2 InsO: LG Koblenz, Beschluss vom 13. Januar 2004, 2 T 901/03, ZInsO 2004, 161, 162.

263 Zuletzt KG, Beschluss vom 7. Juni 2010, 71 IN 509/09, NZI 2010, 743; Zustimmend Dahl, Verbraucherinsolvenz aktuell 2010, 79.

264 Hierzu Zipperer, ZVI 2007, 541, 543f.

sich nichts geändert. Durch ein Zweitinsolvenzverfahren wird der Schuldner seine Probleme nicht lösen, ebenso nicht die Restschuldbefreiung im Sinne einer Schuldenfreiheit am Ende der Wohlverhaltensphase erlangen.

5. Zwischenergebnis

Es existiert keine zufrieden stellende Lösungsmöglichkeit aus der Sicht des redlichen Schuldners, trotz Freigabe nach Ende der Wohlverhaltensphase einen wirklichen schuldenfreien Neuanfang begehen zu können. Es kann dem redlichen Schuldner faktisch verwehrt sein, die „Restschuldbefreiung" zu erlangen.

III. Die Ziele des Insolvenzverfahrens

Erfolgt die Freigabe von Immobilienvermögen ohne den Willen des Schuldners und werden ihm dadurch Verpflichtungen auferlegt, die eine Schuldenfreiheit trotz redlichen Bemühens am der Wohlverhaltensphase verhindern, muss entweder die Zulässigkeit der Freigabe als Mittel der Masseschonung grundsätzlich in Frage gestellt oder eine andere Auflösung der widerstreitenden Interessen gefunden werden. Diese Überlegung macht es notwendig, die einzelnen Ziele der Insolvenzordnung abzuwägen und aus dieser Abwägung ggf. Schlüsse für die Freigabe von Immobilienvermögen im Insolvenzverfahren zu ziehen.

1. Gleichmäßige Gläubigerbefriedigung, § 1 Satz 1 InsO

Die Insolvenzordnung stellt einen Verfahrenszweck voran und findet in § 1 Satz 1 InsO die gemeinschaftliche Gläubigerbefriedigung als primären Verfahrenszweck[265]. Das Insolvenzverfahren ist damit durchgängig Gesamtvollstreckungsverfahren und zeichnet sich durch die Geltung des Gleichbehandlungsgrundsatzes aus.

Grundsätzlich hat sich die Verwertung des Schuldnervermögens an den Vermögensinteressen der Gläubiger auszurichten[266]. Daraus ergibt sich auch der Grundsatz der bestmöglichen Befriedigung der Gläubiger. Hierzu gehört die Einführung des Eröffnungsgrundes der drohenden Zahlungsunfähigkeit und damit die

265 Kübler/Prütting, § 1 InsO, Rn. 13ff; Uhlenbruck, § 1 InsO, Rn. 4ff.; Eidenmüller, Unternehmenssanierung zwischen Markt und Gesetz, 1999, S17 ff., 25ff.; MünchKomm/Stürner, Einleitung, Rn. 1.

266 MünchKomm/Ganter, § 1 InsO, Rn. 44.

Ermöglichung einer frühzeitigen Eröffnung des Verfahrens, die Möglichkeit der Verfahrenseröffnung, wenn nur noch die Verfahrenskosten gedeckt sind, die allgemeine Verbilligung des Verfahrens, verschiedene Anreize für den Schuldner zur frühzeitigen Stellung des Antrages[267], Maßnahmen zur Maximierung der Verteilungsmasse u. a. Auch liegt es im Gläubigerinteresse, eine lebenslängliche Vollstreckung gegen den Schuldner zu vermeiden, die bei einem außerordentlich hohen Aufwand meist nur geringen oder keinen Ertrag bringt. Der Schuldner kann sich einer Tilgung seiner Schulden durch wirtschaftliche Passivität entziehen, was verständlicher Weise gerade dann geschehen wird, wenn der Schuldner ohnehin keine Perspektive sieht, den angehäuften Schuldenberg auch nur annähernd tilgen zu können.

2. Restschuldbefreiung, § 1 Satz 2 InsO

§ 1 Satz 2 InsO regelt, dass dem redlichen Schuldner die Restschuldbefreiung zu erteilen ist und nennt damit ein weiteres Hauptverfahrensziel. Dem Schuldner soll „a fresh new start" ermöglicht werden[268]. Vor Einführung der Insolvenzordnung wurde das Vermögen des Schuldners zwar liquidiert, die Schulden blieben aber im Wesentlichen erhalten, weil eine Schuldentilgung durch das Verfahren in der Vergangenheit weder erreicht noch in der Zukunft erzielt werde. Auch wenn den Gläubigern durch § 201 Abs. 2 InsO die nachinsolvenzrechtliche Vollstreckung sogar noch erleichtert wird, endet ein Insolvenzverfahren über das Vermögen einer natürlichen Person nicht in einer ausweglosen Situation des Schuldners[269]. Die Vollstreckung kann verhindert werden, indem ein Restschuldbefreiungsverfahren nach den §§ 286ff. InsO durchgeführt wird. Eine Sicherstellung erfolgt in § 201 Abs. 3 InsO, wonach die Vollstreckung nach Aufhebung des Insolvenzverfahrens nur gemäß den Vorschriften über die Restschuldbefreiung möglich ist. Die Insolvenzordnung enthält in den §§ 286ff. InsO eine echte Restschuldbefreiung für die Zeit nach Aufhebung des Insolvenzverfahrens und nach Abschluss der Wohlverhaltensphase gem. § 287 Abs. 2 InsO. Diese Restschuldbefreiung führt nicht nur zu einer Vollstreckungsbeschränkung für die Gläubiger, sondern zu einer vollständigen Befreiung der Verbindlichkeiten, soweit sie nicht unter § 302 InsO fallen[270]. Die Restschuldbefreiung stellt für natürliche Personen den einzigen Weg dar, um tatsächlich zu einem wirtschaftlichen Neuanfang zu kommen. Ihre Einführung wurde lange diskutiert. Die Diskussion reicht dabei bis in die 80er Jahre zu-

267 MünchKomm/Ganter, § 1 InsO, Rn. 26.
268 Vgl. Lüke, ZWE 2006, 370 unter Hinweis auf das der Insolvenzrechtsreform als Vorbild dienende amerikanische Recht.
269 Pape/Uhlenbruck/Voigt-Salus Insolvenzrecht, Kap. 41, Rn. 1.
270 Pape/Uhlenbruck/Voigt-Salus, Kap. 41, Rn. 1, Fn. 3 m.w.N.

rück[271]. Wesentlicher Inhalt der Diskussion war zum damaligen Zeitpunkt die Abwägung einer echten Zukunftsperspektive für den Schuldner auf der einen Seite sowie auf der anderen Seite die Verhinderung einer ungehemmten Schuldenmacherei[272]. Der schuldenfreie Neuanfang soll vor allem die ein Abgleiten in die Schattenwirtschaft sowie ein endloses Leben am Rande der Pfändungsfreigrenzen verhindern. Damit existiert gewissermaßen eine beschränkte Haftung natürlicher Personen[273].

Durch das Insolvenzänderungsgesetz 2001 wurde die bis dahin geltende Zweckreihenfolge zumindest in eine Gleichberechtigung gewandelt. Das so genannte Stundungsmodell eröffnet auch dem Schuldner die Möglichkeit zur Erlangung der Restschuldbefreiung, der noch nicht einmal in der Lage ist, die notwendigen Verfahrenskosten abzuführen[274]. Mit dem am 25. Januar 2007 vorgelegten Referentenentwurf eines Gesetzes zur Entschuldung völlig mittelloser Personen und zur Änderung des Verbraucherinsolvenzverfahrens soll sich an die Ablehnung einer Verfahrenseröffnung mangels Masse unmittelbar ein Restschuldbefreiungsverfahren anschließen. Die Restschuldbefreiung ist dann außerhalb eines Insolvenzverfahrens zu erlangen. Dem Schuldner wird insoweit aus sozialpolitischen Gründen ein Entschuldungsmodell zur Seite gestellt[275]. Offensichtlich ist die Restschuldbefreiung ein dem Gesetzgeber äußerst wichtiges Verfahrensziel.

IV. Gewichtung der einzelnen Beteiligteninteressen

Will man die hier gleichsam unversöhnlich gegenüberliegenden Beteiligteninteressen gegeneinander abwägen, sind sämtliche denkbaren Kriterien aufzugreifen.

271 Hierzu ausführlich Pape/Uhlenbruck/Voigt-Salus, Insolenzrecht, Kap. 41, Rn. 2ff. m.w.N.

272 So Bruchner, WM 1992, 1268, der der Einführung einer Restschuldbefreiung kritisch gegenüberstand und die Problematik der Schuldbefreiung über die Verjährung lösen wollte.

273 Die befürchteten Beschädigungen des Rechtsverkehrs und der Verfall der Rechtskultur wurde im Vorfeld zu Unrecht dramatisiert. Die Parallele zum angeblich fehlenden Einfluss auf die Kreditvergabe für juristische Personen stimmt m.E. nicht. Die Praxis zeigt, dass mittelständige GmbHs zwar Kredite aufnehmen, die Kreditinstitute keinen Kredit ohne persönliche Bürgschaft mindestens eines Geschäftsführers oder Gesellschafters vergeben. Insoweit entfällt bei juristischen Personen auch keine mehrjährige Schuldknechtschaft. Sie wird lediglich auf den Bürgen verlagert. Es ist vielmehr anzunehmen, dass Kreditinstitute nach Einführung der Restschuldbefreiung mehr persönliche Bürgen im Boot haben wollen, als dies bisher der Fall war. Zu denken ist beispielsweise an Familienmitglieder des Bürgen, damit im Falle des Ausfalls keine Vermögensverschiebungen erfolgen können, diese zumindest keinen wirtschaftlichen Erfolg haben. Zum Referentenentwurf auch Hellmich, ZInsO 2007, 739ff.

274 MünchKomm/Ganter, § 1 InsO, Rn. 105.

275 MünchKomm/Ganter, § 1 InsO, Rn. 106.

1. Sprachliche und historische (Vorbild-) Aspekte

Wohl nur Ganter hat bisher den interessanten Versuch unternommen, aus der Bezeichnung des Gesetzes selbst eine Gewichtung der Verfahrenszwecke herzuleiten[276]. Hierzu führt er an, dass der Titel „Konkursordnung“ aufgrund der lateinischen Herkunft von „concurrere“ mehr auf die Gläubiger abziele. M.E. folgerichtig führt Ganter weiter aus, dass es allerdings nicht erkennbar sei, dass der Gesetzgeber die Namenswahl programmatisch getroffen habe. Selbst wenn er sie programmatisch getroffen hätte, kann daraus keine Hierarchie der Verfahrenszwecke hergeleitet werden. Hierfür gibt der Titel „Insolvenzordnung“ nichts her. Insolvenz hat seinen lateinischen Ursprung in dem Wort „insolvens“, was mit „nicht lösen“ oder „nicht einlösend“ übersetzt werden kann. Dies gibt lediglich einen Rückschluss darauf, dass ein entsprechendes Gesetz die rechtliche Folge regelt, wenn eine Person ihre Verbindlichkeiten nicht mehr erfüllt. Ob Gläubiger- oder Schuldnerinteresse überwiegt, lässt sich aus einer sprachlichen Betrachtung daher nicht herleiten.

Nach ursprünglich französischem Vorbild stellt die Insolvenzordnung die gemeinschaftliche Gläubigerbefriedigung als primären Verfahrenszweck voran[277]. Das Verwandtschaftsverhältnis zum französischen Recht könnte daher für den Vorrang der Gläubigerbefriedigung sprechen. Tatsächlich lassen sich dem französischen Recht mehr Hinweise für eine Gewichtung entnehmen, als unmittelbar aus der Insolvenzordnung. Die mit dem Restschuldbefreiungsverfahren befasste Kommission muss zunächst die Gläubiger befragen und lässt von vornherein die Entschuldung nicht zu, wenn der Schuldner die Überschuldung absichtlich herbeigeführt hat[278]. Auch sieht das französische Recht die Restschuldbefreiung nur als ultima ratio vor, wenn der Schuldner dauerhaft nicht in der Lage ist, seine Verbindlichkeiten zu erfüllen[279]. Hierbei weicht das französische Recht jedoch so stark von den deutschen Wertungen ab, dass ein Rückschluss auf die deutsche Rechtsordnung nicht möglich ist. Ganz anders übrigens die Wertungen der Discharge in den USA. Hier ist die Gläubigerbefriedigung vollständig in den Hintergrund getreten. Alles dreht sich nur um die Schuldbefreiung des Schuldners[280]. So interessant ein Rückgriff auf US-amerikanisches Recht aber auch sein mag, berücksichtigt er nicht die unterschiedlichen Rahmenbedingungen der Rechts- und Wirtschaftsordnung und ist daher nicht zielführend.

276 MünchKomm/Ganter, § 1 InsO, Rn. 99.

277 Vgl. MünchKomm/Stürner, Einleitung InsO, Rn. 1; Kübler/Prütting/Prütting, § 1 InsO, Rn. 13ff.; Uhlenbruck/Pape, § 1 InsO, Rn. 4ff.; Münchkomm/Ganter, § 1 InsO, Rn. 20ff.

278 Schönen, ZVI 2009, 229, 236.

279 Schönen, ZVI 2009, 229, 237.

280 Leipold/Smid, Insolvenzrecht im Umbruch, S. 139, 141f.; Eckhardt, Die Restschuldbefreiung, S. 203ff.

2. Höherrangiges Recht, insbesondere Verfassungsrecht

Ob aus Art. 1, 2 Abs. 1 GG die Gewährleistung eines Rechts auf einen Neuanfang nach finanziellem Zusammenbruch folgt, ist bisher wenig erörtert[281]. Jedenfalls könnte eine lebenslängliche Haftung ohne jede Hoffnung auf einen finanziellen Neuanfang gegen Freiheitsrechte und die Menschenwürde verstoßen. Das Restschuldbefreiungsverfahren dient dem Schutz des zahlungsunfähigen Verbrauchers und seiner Schuldbefreiung. Er soll wieder in den Wirtschaftskreislauf eingegliedert werden. Insbesondere könnte die Freigabe von Wohnungseigentum gegen Art. 3 Abs. 1 GG verstoßen, wenn Eigentümer einer Wohnung einerseits durch Freigabe des Insolvenzverwalters die Lasten einer Wohnung trotz Zahlungsunfähigkeit, Insolvenzverfahren und Restschuldbefreiungsverfahren übertragen werden können, gleichzeitig dem Wohnungseigentümer aber die Möglichkeit genommen wird, sich von diesen Lasten auf irgendeine Wiese wieder zu lösen[282]. Allerdings bringt diese Feststellung für eine Gewichtung der widerstreitenden Interessen nichts. Denn ebenso wie der Schuldner ein verfassungsmäßiges Recht geltend machen könnte, können sich Gläubiger wegen der Restschuldbefreiung auf die Beeinträchtigung des Art. 14 GG berufen[283]. Auch die Betrachtung des Verfassungsrechts sagt daher nichts über den Vorrang einer der Interessen aus.

3. Systematische Auslegung

§ 1 InsO nennt in Satz 1 zuerst die gemeinschaftliche Gläubigerbefriedigung und erst in Satz 2 die Möglichkeit des Schuldners, die Restschuldbefreiung zu erlangen. Man könnte aus dieser systematischen Stellung entnehmen, dass dem Gläubigerinteresse der Vorrang einzuräumen ist. Nach der Systematik und den Rechtsfolgen des Gesetzes wird mit dieser systematischen Reihenfolge jedoch lediglich eine temporäre Abfolge ausgedrückt. Zunächst soll mit Durchsetzung der Vermögenshaftung eine Befriedigung der Gläubiger versucht werden, bevor zu einer Schuldbefreiung übergegangen werden kann[284]. Dabei ist auch zu beachten, dass der Gesetzgeber für § 1 InsO nicht die Einteilung in Absätze, sondern lediglich in Sätze gewählt hat. Mit der genannten Reihenfolge wird folglich keine Gewichtung der

281 Bruns, KTS 2008, 41, 49; MünchKomm/Stürner, Einleitung InsO, Rn. 93, Fn. 132: Lesenwert die von Stürner angegebenen Stellen aus der Bibel und sein Hinweis auf den Ursprung des Gedankens zum Recht eines Neuanfangs im Sinne biblischer Gerechtigkeitsvorstellungen.

282 Roth, ZInsO 2007, 757, 759.

283 Hierzu Pape, ZRP 1993, 285, 288 m.w.N. Warnend Bruns, KTS 2008, 41, 56.

284 Vgl. auch Ahrens, VuR 2000, 8, 11.

Interessen deutlich[285], sondern eine logisch zeitliche Reihenfolge übernommen. Die freie Nachforderung gemäß § 201 InsO führt ebenso keine Hierarchie der Verfahrenszwecke ein. Das Gesetz geht zwar von dem Grundsatz aus, dass eine Restschuldbefreiung beantragt werden muss. Ist ein solcher Antrag gestellt, werden die Rechte der Gläubiger insoweit gemäß §§ 223, 224 InsO verkürzt. Die Restschuldbefreiung tritt auch nicht allein deshalb in den Hintergrund, weil erst durch ein weiteres Verfahren die Restschuldbefreiung erreicht wird[286]. Zwar regeln die §§ 286ff. InsO tatsächlich die einzelnen Verfahrensschritte zur Erlangung der Restschuldbefreiung. Dies ist jedoch kein Hinweis auf den Rang des in § 1 Satz 2 InsO genannten Verfahrenszweckes. Auch die Befriedigung der Insolvenzgläubiger ist in den §§ 174ff. InsO in einem besonderen Verfahren geregelt. Man wird nicht ernsthaft behaupten wollen, dass die Befriedigung der Insolvenzgläubiger wegen des beschriebenen besonderen Verfahrens in den §§ 174ff. InsO keinen Hauptzweck der Insolvenzordnung darstellt. Damit ist vom Gesetzeswortlaut ausgehend von einem Gleichrang beider Verfahrensgrundsätze auszugehen.

4. Teleologische Kriterien

Mit der Vorschrift des § 1 Satz 2 InsO wurde die enge Aufgabenbegrenzung der Konkursordnung auf gemeinschaftliche und gleichmäßige Gläubigerbefriedigung erweitert (§ 3 Abs. 1 KO). Die Insolvenzordnung hat damit eine zusätzliche Ausrichtung erhalten. In welchem Rangverhältnis sich die Gläubigerbefriedigung und die Restschuldbefreiung befinden, kann nur eine teleologische Auslegung der beiden Verfahrensziele klären.

a) Keine Gläubigerbefriedigung ohne Restschuldbefreiung

Ein Schuldner wird eher motiviert sein, aktiv an der Bewältigung der Insolvenz mitzuwirken, wenn er auf eine Restschuldbefreiung hoffen darf. Muss der Schuldner lebenslängliche Schuldknechtschaft befürchten, wird er kaum an der aus rein wirtschaftlicher Sicht sinnlosen Abtragung von Teilverbindlichkeiten mitwirken. Insoweit bringt die Restschuldbefreiung auch den Gläubigern Vorteile. Hierfür erschließt die Insolvenzordnung das künftige Einkommen für die Gesamtvollstreckung, indem Lohnabtretungen und Lohnpfändungen eingeschränkt werden.

285 So aber MünchKomm/Störner, Einleitung InsO, Rn. 62.
286 MünchKomm/Ganter, § 1 InsO, Rn. 98.

b) Allgemeine Gerechtigkeitserwägungen

Die Inanspruchnahme eines Grundeigentümers für Altlasten oder Sanierungskosten ist verfassungswidrig, wenn die aufzuwendenden Kosten den Wert des Eigentums im sanierten Zustand überschreiten[287]. Kann ein Eigentümer sein Eigentum nicht mehr sinnvoll nutzen, weil beispielsweise die damit verbundenen Lasten höher sind, als der Wert des Eigentums selbst, wäre es ein Verstoß gegen die Verfassung, wenn dem Eigentümer seine Rechtsposition weiter aufgezwungen werden würde, obwohl er dies nicht mehr will. Dies könnte für den Vorrang einer Schuldbefreiung vor den Gläubigerinteressen sprechen. Dem Schuldner mag es in vielen Fällen ähnlich gehen. Er reichert sein insolvenzfreies Vermögen durch die Freigabe an, hat aber wirtschaftlich keinen Nutzen, viel eher nur finanzielle Nachteile. Grundsätzlich kann von einem Insolvenzverwalter wohl auch eher erwartet werden, sich fortsetzende Verbindlichkeiten – wie zum Beispiel Hausgeldzahlungen – zu erfüllen, als von dem insolventen Schuldner[288]. Auch eine solche Wertung führte zu einer Höhergewichtung des Schuldnerinteresses. Andererseits zeigen diese Beispiele nur das unauflösbare Dilemma zwischen Gläubigerbefriedigung und Schuldnerinteresse. Hieraus Rückschlüsse auf den höheren Rang des einen Verfahrensziels zu schließen, ist verfehlt.

c) Der Rang der Verfahrensinteressen i.e.S.

Die Entschuldung ist neben der Gläubigerbefriedigung ein selbständiger Verfahrenszweck, der die Gläubigerbefriedigung im Ergebnis begrenzt[289]. Beide Verfahrensziele hängen damit gegenseitig voneinander ab. Sicher soll die Restschuldbefreiung nicht über dem Verfahrenszweck der gleichmäßigen Gläubigerbefriedigung gemäß § 1 Satz 1 InsO stehen. Vielmehr nehmen beide Verfahrenszwecke eine gleichberechtigte Stellung ein[290]. Die Gleichrangigkeit zeigt sich nicht zuletzt dadurch, dass die Restschuldbefreiung auch ohne Zustimmung der Gläubiger erlangt werden kann[291]. Auch § 35 Abs. 2 InsO bestätigt den Gleichrang. Die Insolvenzfreiheit des Neuerwerbs soll dem Schuldner Anreiz zu neuen Aktivitäten bieten, ihn aber gerade nicht an der Restschuldbefreiung und damit verbundenen schuldenfreien Neustart hindern.

287 Roth, ZInsO 2007, 757.
288 Pape, AnwBl 2008, 494, 499.
289 MünchKomm/Stürner, Einleitung, Rn. 5.
290 MünchKomm/Ganter, § 1 InsO, Rn. 101; Ahrens, VuR 2001, 8, 10 m.w.N. in Fn. 10.
291 So auch MünchKomm/Ganter, § 1 InsO, Rn. 103.

5. Zwischenergebnis

Es existiert keine für die gesamte Insolvenzordnung gültige Rangfolge der Verfahrensziele. Dies gilt namentlich für das Gläubigerinteresse auf gleichmäßige Befriedigung und das berechtigte Interesse des redlichen Schuldners, die Restschuldbefreiung zu erlangen. Damit lässt sich die Problematik der Freigabe von Immobilienvermögen bei der Insolvenz natürlicher Personen nicht zufrieden stellend lösen. Sowohl die Ignoranz gegenüber dem Schuldner als auch die Einschränkung der Freigabe[292] sind unzulässig.

V. Lösungsvorschlag, Gesetzesinitiative

Der Gesetzgeber ist daher aufgefordert, Abhilfe zu schaffen[293]. Um die Problematik um die Freigabe aufzulösen, wäre an eine Haftungsbeschränkung des Schuldners auf den freigegebenen Gegenstand zu denken. Dabei drängt sich eine Parallele zu § 1990 Abs. 1 Satz 1 BGB auf, nach der ein Erbe die Befriedigung eines Nachlassgläubigers insoweit verweigern darf, als der Nachlass nicht ausreicht. Die Gläubiger können den Nachlass zum Zwecke der Zwangsvollstreckung herausverlangen.

Eine solche Regelung bietet sich auch für die Insolvenzordnung für den Bereich der Freigabe an. Diese könnte lauten:

> *„Gibt der Insolvenzverwalter einen einzelnen Vermögensgegenstand aus der Insolvenzmasse gegen oder ohne den Willen des Schuldners frei, kann der Schuldner die Befriedigung der sich aus der Freigabe ergebenden Verbindlichkeiten insoweit verweigern, als der freigegebene Vermögensgegenstand nicht ausreicht. Der Schuldner ist in diesem Falle verpflichtet, den freigegebenen Gegenstand zum Zwecke der Befriedigung der Neugläubiger im Wege der Zwangsvollstreckung herauszugeben“.*

Mit einer solchen Vorschrift wird zum einen dem Interesse der Gläubiger gerecht, eine möglichst große unbelastete Masse zur Verteilung zur Verfügung zu haben. Zum anderen ist dem Interesse des Schuldners genüge getan, durch eine Freigabe nicht über Gebühr in Anspruch genommen zu werden und sein berechtigtes Ziel

292 Die Wirksamkeit der Freigabe verneinend, VG Magdeburg, Beschluss 6. April 2009, 9 B 56/09 (nicht veröffentlicht).

293 Auch das AG Mannheim hat in seinem Beschluss vom 4. Juni 2010, 4 C 25/10, NZI 2010, 689, 690 im Zusammenhang mit der Zukunft des Hausgeldanspruchs bei Freigabe von Wohnungseigentum ausdrücklich darauf hingewiesen, dass „in erster Linie die Notwendigkeit zu gesetzgeberischem Handeln“ besteht.

eines schuldenfreien Neustarts zu erreichen. Freigegebene Gegenstände benötigen das Vollstreckungsverbot des § 89 Abs. 1 InsO für diesen Fall nicht.

D. Zusammenfassung der Ergebnisse

Die Befugnis des Insolvenzverwalters zur Freigabe folgt aus der ihm übertragenen Verwaltungs- und Verfügungsbefugnis gem. § 80 InsO i.V.m. §§ 32 Abs. 3, 35 Abs. 2 InsO. Für die Freigabe von Immobilienvermögen bei der Insolvenz natürlicher Personen spielt nur die echte Freigabe eine maßgebliche Rolle.

Die Wirkungen der Freigabe ergeben sich spiegelbildlich aus dem Text von § 80 Abs. 1 InsO: Durch die Freigabe geht das Recht des Insolvenzverwalters, das zur Insolvenzmasse gehörende Vermögen zu verwalten und über es zu verfügen, auf den Insolvenzschuldner über.

Besteht für eine freigegebene Immobilie ein Mietverhältnis, fällt dieses mit Freigabe gleichfalls ex nunc in die Verwaltungs- und Verfügungsbefugnis des Insolvenzschuldners zurück. Dies gilt auch für eine etwaige Mietkaution, vorhandene Eigentümergrundschulden sowie Grundsteuerlasten. Die Freigabe eines mit Altlasten kontaminierten Grundstückes bewahrt die Masse nur insoweit vor einer ordnungsrechtlichen Inanspruchnahme, wie ein haftungsrelevanter Zustand nach Freigabe eintritt. Ansonsten wäre die Freigabe gemäß § 138 BGB sittenwidrig. Insolvenzrechtlichen Vorschriften ist verwaltungsrechtlichen Normen insoweit der Vorrang einzuräumen.

Gibt der Insolvenzverwalter Wohnungseigentum aus der Masse frei, ist der Schuldner ab Freigabe verpflichtet, Hausgeldansprüche aus seinem insolvenzfreien Vermögen zu zahlen.

§ 35 Abs. 2 Satz 3 InsO ist keine abschließende Regelung, sondern auch auf die Freigabe einzelner Vermögensgegenstände anzuwenden. Der Gläubigerausschuss kann daher jeder Freigabe durch den Insolvenzverwalter widersprechen, wenn er dies unverzüglich und damit ohne schuldhaftes Zögern macht.

Es existiert keine zufriedenstellende Lösungsmöglichkeit aus der Sicht des redlichen Schuldners, trotz Freigabe nach Ende der Wohlverhaltensphase einen schuldenfreien Neuanfang begehen zu können.

Zwischen gleichmäßiger Gläubigerbefriedigung und Restschuldbefreiung besteht kein Rangverhältnis, so dass sich beide Verfahrensziele gleichberechtigt gegenüberstehen. Sowohl die Ignoranz gegenüber dem Schuldner als auch die Einschränkung der Freigabe sind unzulässig.

In die Insolvenzordnung ist eine haftungsbeschränkende Norm zu Gunsten des Schuldners mit folgendem Inhalt aufzunehmen:

> *„Gibt der Insolvenzverwalter einen einzelnen Vermögensgegenstand aus der Insolvenzmasse gegen oder ohne den Willen des Schuldners frei, kann der*

Schuldner die Befriedigung der sich aus der Freigabe ergebenden Verbindlichkeiten insoweit verweigern, als der freigegebene Vermögensgegenstand nicht ausreicht. Der Schuldner ist in diesem Falle verpflichtet, den freigegebenen Gegenstand zum Zwecke der Befriedigung der Neugläubiger im Wege der Zwangsvollstreckung herauszugeben".

Literaturverzeichnis

Ahrens, Martin, Zur Funktion von § 1 Satz 2 InsO, VuR 2000, 8ff.

App, Michael, Zur Rechtsposition kommunaler Behörden in Konkurs- und Insolvenzverfahren, NZI 1999, 478ff.

Avoine, Marc de, Verkauf von Immobilien in der Insolvenz an einen Grundpfandrechtsgläubiger, NZI 2008, 17ff.

Bärmann, Johannes (Begründer), Wohnungseigentumsgesetz, München, 11. Auflage 2010

Bauer, Jürgen / Stürner, Rolf, Sachenrecht, München, 18. Auflage 2009

Beier, Robert, Beiordnung eines Verfahrensbevollmächtigten in Verbraucherinsolvenz, Verbrauchinsolvenz aktuell 2010, 24

Benckendorff, Hans-Peter, Freigabe von Kreditsicherheiten in der Insolenz, Kölner Schrift, Münster, 3. Auflage 2009

Braun, Eberhard (Herausgeber), Insolvenzordnung, München, 4. Auflage 2010

Bruchner, Helmut, Restschuldbefreiung, WM 1992, 1268

Bruns, Alexander, Die geplante Novellierung der Restschuldbefreiung mittelloser Personen – ein geglückter fresh start? KTS 2008, 41ff.

Cymutta, Claudia, Die Mietkaution in der Insolvenz des Vermieters und des Mieters, Wohnungswirtschaft und Mietrecht 2008, 441ff.

Dahl, Michael, Altlasten und Ersatzvornahmekosten in der Insolvenz, NJW-Spezial 2010, 301ff.

Dahl, Michael, Anmerkung zu AG Köln, Beschluss vom 7. Juni 2010, Verbraucherinsolvenz aktuell 2010, 79

Demharter, Johann, Anmerkung zu BGH, Beschluss vom 14. Juni 2007, NJW 2007, 2548f.

Derleder, Peter, Die Rechtsstellung des Wohn- und Gewerberaummieters in der Insolvenz des Vermieters, NZM 2004, 568ff.

Eckhardt, Alexander, Die Restschuldbefreiung - Probleme der Voraussetzungen und Rechtsfolgen der Restschuldbefreiung unter vergleichender Berücksichtigung des US-amerikanischen Rechts, Köln 2006

Emmert, Thomas, Freigabe des Insolvenzverwalters gemäß § 35 Abs. 2 InsO für Miet- und Pachtverhältnisse, jurisPR-MietR 11/2010, Anm. 6

Förster, Karsten, Klartext - Die Freigabe bleibt zulässig, ZInsO 2000, 315ff.

Franz, Georg, Insolvenzrechtliche Probleme der Altlastenhaftung nach dem Bundes-Bodenschutzgesetz (BbodSchG), NZI 2000, 10ff.

Frege, Michael / Keller, Ulrich / Riedel, Ernst, Insolvenzrecht, München, 7. Auflage 2008

Gehrlein, Markus, Aktuelle Rechtsprechung des BGH zur Unternehmensinsolvenz: Insolvenzmasse, Forderungsanmeldung und Insolvenzanfechtung, NZI 2009, 497ff.

Gottwald, Peter (Herausgeber), Insolvenzrechtshandbuch, München, 4. Auflage 2010

Gutsche, Lason, Die schicksalhafte Begegnung der Dauerschuldverhältnisse mit der „Freigabe“ gem. § 35 Abs. 2 InsO, ZVI 2008, 41ff.

Haarmeyer, Hans, Die „Freigabe“ selbstständiger Tätigkeiten des Schuldners und die Erklärungspflichten des Insolvenzverwalters, ZInsO 2007, 696ff.

Haarmeyer, Hans / Wutzke, Wolfgang / Förster, Karsten, Handbuch der vorläufigen Insolvenzverwaltung, München 2011

Häsemeyer, Ludwig, Die Altlasten – Ein Prüfstein für wechselseitige Abstimmungen zwischen dem Insolvenzverwalter und dem Verwaltungsrecht. Festschrift für Wilhelm Uhlenbruck, 2000, S. 97ff.

Heilmann, Hans, Die Masseschulden im Konkurs des Mieters, NJW 1985, 2505ff.

Heinze, Harald, Die neue Freigabe des Unternehmens aus der Insolvenzmasse, ZVI 2007, 349ff.

Heinze, Harald, Anm. zu BGH, Urteil vom 21. April 2005, DZWIR 2005, 389

Hellmich, Christian, Die Entschuldung mittelloser Personen und die Änderung des Verbraucherinsolvenzverfahrens – Stand der Diskussion, ZInsO 2007, 739ff.

Henckel, Wolfram, Freigabe und Neuerwerb. Festschrift für Gerhart Kreft, 2004, 291ff.

Hintzen, Udo / Alff, Erhard, Bevorzugung des Hausgelds der Wohnungseigentümergemeinschaft, ZInsO 2008, 480ff.

Höpfner, Alexander, Möglichkeiten des Insolvenzverwalters zur Rückgängigmachung oder wirtschaftlichen Kompensation der Freigabe, ZIP 2000, 1517ff.

Kalter, A., Das konkursfreie Vermögen, KTS 1975, 1ff.

Kanzleiter, Rainer, Aufgabe des Mieteigentumsanteils an einem Grundstück durch Verzicht nach § 928? NJW 1996, 905ff.

Kesseler, Christian, Umschreibung der Vollstreckungsklausel nach Freigabe durch den Verwalter, ZInsO 2005, 418ff.

Kilger, Joachim, Der Konkurs des Konkurses, KTS 1975, 142ff.

Kindler, Peter / Nachmann, Josef (Herausgeber), Handbuch Insolvenzrecht in Europa, München, 1. Ergänzungslieferung Stand Juni 2010

Kleine, Wolfgang / Flöther, Lucas, Freigabe in der Insolvenz und Sachenrechtsbereinigung, NJW 2000, 405ff.

Knof, Béla, Europäisches Insolvenzrecht und Schuldbefreiungstourismus, ZInsO 2005, 1017ff.

Kübler, Bruno / Prütting, Hanns / Bork, Reinhard, Insolvenzordnung, Köln, Ergänzungslieferung 49, Stand Juli 2012

Küpper, Norbert / Heinze, Frank-Rüdiger, Das insolvenzrechtliche Instrument der Freigabe als Haftungsproblem des Insolvenzverwalters am Beispiel des Hausgeldes nach dem WEG, ZInsO 2010, 2009ff.

Leiphold, Dieter (Herausgeber), Insolvenzrecht im Umbruch, München 1991

Leonhardt, Peter / Smid, Stefan / Zeuner, Mark (Herausgeber), Insolvenzordnung, Stuttgart, 3. Auflage 2010

Lindner-Figura, Jan / Oprée, Frank / Stellmann, Frank, Geschäftsraummiete, München, 2. Auflage 2008

Looff, Franziska, Kraftfahrzeugsteuerschuld im Insolvenzverfahren nach neuester BFH-Rechtsprechung, ZInsO 2008, 75ff.

Lüers, Johanna Martha, Die Freigabe der selbstständigen Tätigkeit des Schuldners gemäß § 35 Abs. 2 InsO (Teil 1 + 2), AnwZert InsR 9 + 10/2009, Anm. 4

Lüers, Johanna Martha, Die Auswirkungen der Freigabe auf Dauerschuldverhältnisse, AnwZert InsR 24/2009, Anm. 3

Lüke, Wolfgang, Anmerkung zu AG Mannheim, Urteil vom 4. Juni 2010, ZWE 2006, 372ff.

Lüke, Wolfgang, Beitragsforderungen in der Insolvenz des Wohngeldschuldners, ZWE 2010, 62ff.

Lüke, Wolfgang, Freigabe und was dann? Zu den materiellrechtlichen Folgen der Freigabe der Wohnung in der Insolvenz des Eigentümers. Festschrift Wenzel 2005, 235ff.

Lüke, Wolfgang, Umweltrecht und Insolvenz, Kölner Schrift, Münster, 3. Auflage 2009

Mai, Vera, Die selbständig tätige natürliche Person im Insolvenzverfahren, Kölner Schrift, Münster, 3. Auflage 2009

Marotzke, Wolfgang, Insolvenzrechtliche Probleme bei Untermietverträgen über Immobilien, ZInsO 2007, 1ff.

Mitlehner, Stephan, Anmerkung zu OLG Naumburg, Urteil vom 1. März 2000, ZIP 2000, 977ff.

Molitor, Michael, Zulässigkeit der Freigabe trotz Verwaltungsvereinbarung, ZInsO 2009, 231ff.

Mork, Petra / Heß, Benjamin, Mieterschutz contra Freigabe, Anmerkung zu LG Dortmund Urteil vom 12.05.2005, ZInsO 2005, 1206ff.

Müller, Kim Julia, Die persönliche Haftung des Insolvenzverwalters für eine Freigabe aus einem gegen ihn „in seiner Eigenschaft als Insolvenzverwalter“ gerichteten Titel, ZInsO 2008, 79ff.

Müller, Kim Julia, Die echte Freigabe durch den Insolvenzverwalter im Spannungsfeld von gesetzlicher Prozessstandschaft und Parteiwechsel, Remscheid 2007

Münchener Kommentar, Münchener Kommentar zum Bürgerlichen Gesetzbuch, Band 6, München, 5. Auflage 2009

Münchener Kommentar, Insolvenzordnung, Band 1 bis 3, München, 2. Auflage ab 2007

Münchener Kommentar, Zivilprozessordnung, Band 2, München, 3. Auflage 2007

Palandt, Otto (Begründer), Bürgerliches Gesetzbuch, München, 71. Auflage 2012

Pape, Gerhard, Zum Freigaberecht des Konkursverwalters bei Grundstücken mit Altlasten, ZIP 1991, 1544ff.

Pape, Gerhard, Haftungsbewehrte Pflicht des Insolvenzverwalters zur Freigabe von Wohnungseigentum? ZfIR 2007, 817ff.

Pape, Gerhard, Insolvenz im Mietrecht, NZW 2004, 401ff.

Pape, Gerhard, Die Immobilien in der Krise, AnwBI 2008, 494ff. (= ZInsO 2008, 465ff.)

Pape, Gerhard, Muß es eine Restschuldbefreiung im Insolvenzverfahren geben?, ZRP 1993, 285ff.

Pape, Gerhard, Ende der Restschuldbefreiung für alle? ZInsO 2006, 897ff.

Pöhlmann, Werner, Wer bezahlt die Beseitigung von Altlasten in der Insolvenz? Versuch einer überfälligen Antwort, NZI 2003, 486ff.

Purps, Thorsten / Schumann, Gunda, Die Freigabe in der Insolvenz im Falle getrennten Boden- sowie Gebäudeeigentums, NJW 1999, 2476ff.

Ries, Stephan, Anmerkung zu BFH, Beschluss vom 10. März 2010, NZI 2010, 498ff.

Ries, Stephan, Freigabe (auch) von Dauerschuldverhältnissen des § 108 InsO aus dem Insolvenzbeschlag beruflich selbstständiger Schuldner, ZInsO 2009, 2030ff.

Roth, David, BFH zur Kraftfahrzeugsteuer: Massenverbindlichkeit trotz Freigabe und fehlender Nutzung! ZInsO 2008, 304ff.

Roth, Jan, Aufgabe von Miteigentumsanteilen und Wohnungseigentum gem. § 928 BGB, ZInsO 2007, 757ff.

Schmerbach, Ulrich, Gesetz zur Vereinfachung des Insolvenzverfahrens, InsbürO 2007, 202ff.

Schmidt, Karsten, Ordnungsrechtliche Haftung der Insolvenzmasse für die Altlastenbeseitigung, ZIP 1997, 1441ff.

Schmidt, Karsten, „Altlasten in der Insolvenz“ – unendliche Geschichte oder ausgeschriebenes Drama? ZIP 2000, 1913ff.

Schmidt, Karsten, Keine Ordnungspflicht des Insolvenzverwalters? NJW 2010, 1489ff.

Schmidt, Karsten, Wege zum Insolvenzrecht der Unternehmen, Köln 1990

Schmidt, Karsten, Unterbrechung und Fortsetzung von Prozessen im Konkurs einer Handelsgesellschaft – Fragen und Thesen zu §§ 240 ZPO, 10ff. KO (96ff. InsO), KTS 1994, 309ff.

Schönen, Simone, Verbraucherinsolvenzrecht im internationalen Vergleich unter besonderer Berücksichtigung der Vorschriften zur Restschuldbefreiung (Teil 1), ZVI 2009, 229ff.

Schwartmann, Rolf, Zur Befreiung des Insolvenzverwalters aus der ordnungsrechtlichen Verantwortlichkeit durch Freigabe, NZI 2001, 69ff.

Serick, Rolf, Wiedereinführung der altorientalischen Schuldknechtschaft durch die Insolvenzordnung? BB 1992, 1ff.

Smid, Stefan, Gleichbehandlung der Gläubiger und Wiederherstellung eines funktionsfähigen Insolvenzrechts als Aufgaben der Insolvenzrechtsreform, BB 1992, 501ff.

Smid, Stefan, Freigabeerklärung des Insolvenzverwalters/Treuhänders bei selbstständiger Tätigkeit des Insolvenzschuldners? WM 2005, 625ff.

Smid, Stefan, Restschuldbefreiung. Insolvenzrecht im Umbruch, 1991, 139ff.

Stürner, Rolf, Umwelthaftung und Insolvenz. Festschrift für Franz Merz 1992, S. 564ff.

Tetzlaff, Christian, Etappensieg für Gläubiger, die sich allen anderen vordrängen wollen – Zur Nichtannahme der Verfassungsbeschwerde gegen die Entscheidung des BVerwG vom 12. 2.1999 zu Umweltlasten in der Insolvenz, NZI 2003, 642ff.

Tetzlaff, Christian, Probleme bei der Verwertung von Grundpfandrechten und Grundstücken im Insolvenzverfahren. Neue Entwicklungen seit In-Kraft-Treten der InsO, ZInsO 2004, 521ff.

Tetzlaff, Christian, Anmerkung zu KG Berlin, Beschluss vom 30. September 2005, jurisPR-InsR4/2006 Anm. 5

Thietz-Bartram, Jochim, Keine Sperre durch die Rückschlagsperre - Zur Heilung der Unwirksamkeit von gegen § 88 InsO verstoßenden Vollstreckungen, ZInsO 2006, 527ff.

Uhlenbruck, Wilhelm, Die Freigabe von Massengegenständen durch den Insolvenzverwalter als Problem der Gläubigergleichbehandlung, KTS 2004, 275ff.

Vallender, Heinz, Wohnungseigentum in der Insolvenz, NZI 2004, 401ff.

Vallender, Heinz, Unternehmenskauf in der Isolvenz, GmbHR 2004, 543ff.

von Wilmowsky, Peter, Die Verantwortlichkeit für Altlasten im Konkursrecht, ZIP 1997, 1445ff.

Wimmer, Klaus / Dauernheim, Jörg / Wagner, Martin / Gietl, Josef (Herausgeber), Handbuch des Fachanwalts Insolvenzrechts, Köln, 4. Auflage 2010

Wischemeyer, Markus / Schur, Wolfgang, Zur Reichweite der Freigabeerklärung des Insolvenzverwalters nach § 35 Abs. 2 InsO bei bereits ausgeübter selbstständiger Tätigkeit des Schuldners, ZInsO 2007, 1240ff.

Zipperer, Helmut Die Insolvenz des freigegebenen selbständigen Gemeinschuldners, ZVI 2007, 541ff.

Zeitfracht Medien GmbH
Ferdinand-Jühlke-Straße 7
99095 Erfurt, Deutschland
produktsicherheit@kolibri360.de